浪潮

老龄社会的中国探索

老龄社会30人论坛
盘古智库老龄社会研究院 | 编

电子工业出版社
Publishing House of Electronics Industry
北京·BEIJING

未经许可，不得以任何方式复制或抄袭本书之部分或全部内容。
版权所有，侵权必究。

图书在版编目（CIP）数据

浪潮：老龄社会的中国探索 / 老龄社会30人论坛，盘古智库老龄社会研究院编.
—北京：电子工业出版社，2024.5
ISBN 978-7-121-47653-2

Ⅰ. ①浪… Ⅱ. ①老… ②盘… Ⅲ. ①老年人－社会问题－研究－中国
Ⅳ. ①D669.6

中国国家版本馆 CIP 数据核字（2024）第 070539 号

责任编辑：周　林　　文字编辑：刘　晓
印　　刷：三河市君旺印务有限公司
装　　订：三河市君旺印务有限公司
出版发行：电子工业出版社
　　　　　北京市海淀区万寿路 173 信箱　邮编：100036
开　　本：787×1092　1/32　印张：8.75　字数：224千字
版　　次：2024 年 5 月第 1 版
印　　次：2024 年 5 月第 1 次印刷
定　　价：68.00元

凡所购买电子工业出版社图书有缺损问题，请向购买书店调换。若书店售缺，请与本社发行部联系，联系及邮购电话：(010) 88254888，88258888。
质量投诉请发邮件至 zlts@phei.com.cn，盗版侵权举报请发邮件至 dbqq@phei.com.cn。
本书咨询联系方式：zhoulin@phei.com.cn。

| 本书编委会 |

易　鹏　原　新　徐永光　陆杰华　梁春晓
康晓光　邱泽奇　田兰宁　马旗戟　王俊秀
李　佳　林　茜

目录

第1章 人口老龄化浪潮席卷而来

002　从"人口老龄化跃变"到"包容性老龄社会"　　梁春晓

013　人口负增长早期的新人口机会　　原新

031　人口老龄化新特征与养老服务新升级　　李佳

第2章 积极应对人口老龄化，促进经济社会的可持续发展

038　中国劳动力老化对经济发展的影响机理及其战略应对　　陆杰华

049　基于发展和实践的老龄社会再思考　　马旗戟

060　迎接中国积极老龄时代　　王振耀

072　树立积极老龄观、健康老龄化理念　　吴玉韶

084　日本积极老龄化的经验及启示　　胡澎

第3章 老龄社会，我们如何才能更健康

098　老年照护体系的整体效应　　　　　　　唐　钧

115　高质量发展背景下的养老机构提升路径　高华俊

128　老人心灵呵护的理论、方法与实践　　　方树功

第4章 老龄社会，如何才能做好权益保障

138　老年人权益的法治保障　　　　　　　　于建伟

159　意定监护制度的理解适用与信托实践　　左君超

172　意定监护公证——上海积极应对老龄化的
　　　司法实践　　　　　　　　　　　　　　李辰阳

186　建设代际公平的数字社会　　　　　　　邱泽奇

第5章 老龄社会与信息化、智能化

198　在数字世界里变老　　　　　　　　　　　胡　泳

210　"互联网+"产业在老龄社会条件下的
　　　底层逻辑　　　　　　　　　　　　　　党俊武

219　面向包容性城市的数字化创新探索　　　　茅明睿

第6章 老龄社会的中国方案

228　银发中国独有医疗难题的半市场化探索　　房志武

242　时间银行的发展与前景　　　　　　　　　蔡　俊

257　共享养老前景如何　　　　　　　　　　　张新红

270　附录A

273　附录B

第 1 章 人口老龄化浪潮席卷而来

从"人口老龄化跃变"到"包容性老龄社会"

梁春晓
盘古智库学术委员会副主任委员、盘古智库老龄社会研究院首席专家、老龄社会30人论坛成员

一、人口老龄化跃变

改革开放以来,影响中国社会发展的关键因素逐渐从制度创新、技术创新向人的跃变扩展。人的跃变正在成为认识和把握当前及未来很长一段时间社会发展的关键要素。人的跃变是从1999年我国60岁以上人口比例超过10%,进入老龄化社会开始的。2022年,这一比例已达到19.8%。影响当下和未来社会发展的一大变量,就是在人的跃变及超级老龄化、复杂老龄化等的驱动下,从人类有史以来的年轻社会向老龄社会的转型。

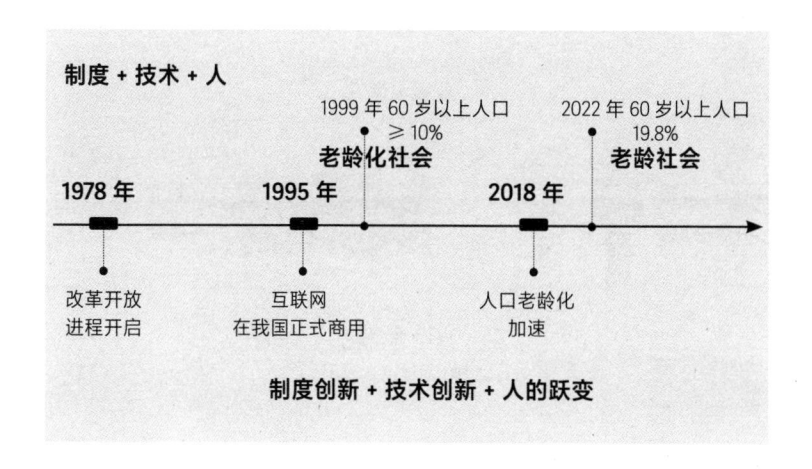

```
制度 + 技术 + 人
                            1999年60岁以上人口      2022年60岁以上人口
                                ≥ 10%                  19.8%
                              老龄化社会              老龄社会
   1978年        1995年                2018年
    ┃             ┃          ●          ┃           ●
    ┋             ┋                     ┋
   改革开放      互联网              人口老龄化
   进程开启    在我国正式商用            加速

           制度创新 + 技术创新 + 人的跃变
```

超级老龄化。与世界其他人口老龄化国家相比，中国人口老龄化具有超大规模、超快速度、超早阶段和超稳定结构等四个特点。特别是超早阶段，意味着相比发达国家，中国是在经济水平尚不发达时进入人口老龄化阶段的，这使得我国在经济和财富积累上面临的压力和挑战更大。

复杂老龄化。与一些发达国家的城市化、老龄化、数字化相继展开不同，中国的老龄化与城市化、数字化几乎同步展开。由此形成的老龄化与城市化、数字化同步共振，使得我国面对的人口老龄化的挑战更为复杂，比如与城市化同步共振的乡村及一些区域面临的更为严峻的人口老龄化挑战，以及与数字化同步共振的代际数字鸿沟和代际冲突等。

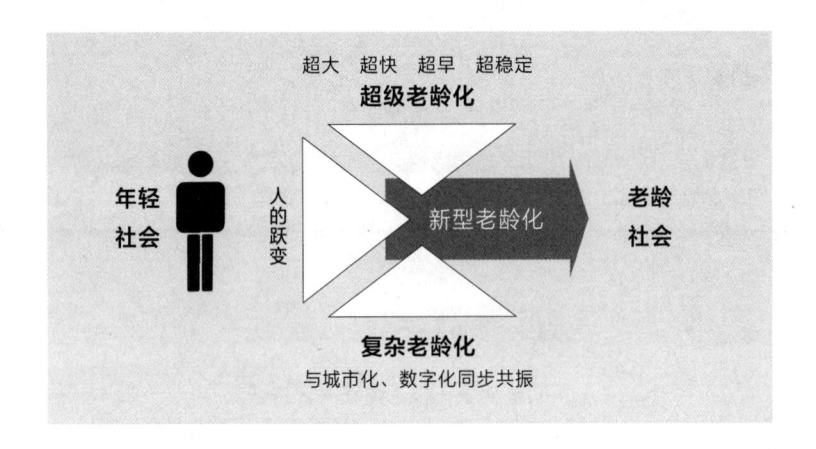

```
                    超大  超快  超早  超稳定
                        超级老龄化

  年轻              人
  社会              的        新型老龄化        老龄
                   跃                          社会
                   变
                        复杂老龄化
                    与城市化、数字化同步共振
```

人口结构的跃变。从 20 世纪 60 年代至今，短短几十年间，中国人口年龄结构便发生了巨大变化——从典型的金字塔结构快速演变为倒梯形结构。有人问能否通过改变老龄人口定义去改变人口老龄化程度，而事实是，人口老龄化不仅关乎年龄，更关乎年龄结构的变化，而这绝不是通过改变老龄人口定义就能改变的。

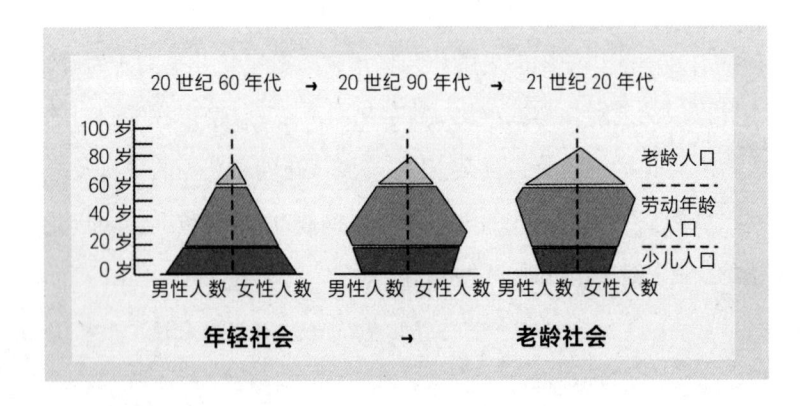

```
        20 世纪 60 年代 → 20 世纪 90 年代 → 21 世纪 20 年代
  100 岁
   80 岁                                              老龄人口
   60 岁                                              ------
   40 岁                                              劳动年龄
   20 岁                                              人口
    0 岁                                              ------
        男性人数 女性人数  男性人数 女性人数  男性人数 女性人数  少儿人口
         年轻社会        →              老龄社会
```

人本身的跃变。目前中国人平均预期寿命约 78 岁，在北京、上海等大城市则超过 80 岁，与欧美日等发达国家相当。同时，随着医疗卫生水平不断提高，60 岁以上老年人普遍拥有超过 10 年甚至更长的健康老龄期。随着数字化、人工智能和生命科技的快速发展和运用，以及越来越多可穿戴设备成为我们身体的一部分，人机融合进程加快，后人类时代或将到来。

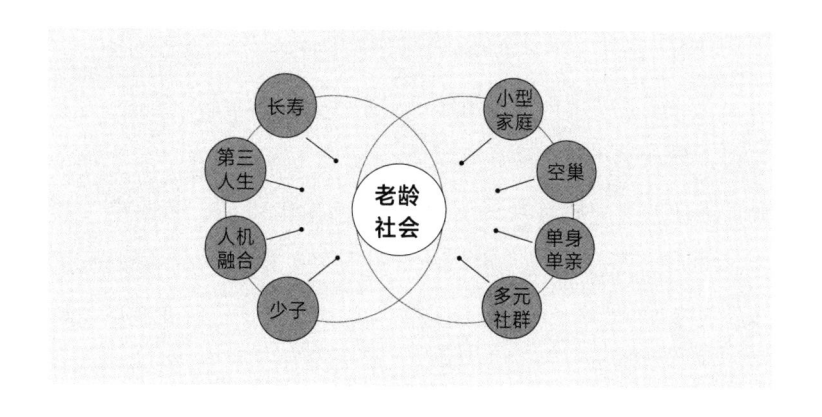

家庭及社群结构的跃变。少子化、低生育率和低结婚率等导致传统家庭趋于离散，家庭规模不断缩小，小型家庭渐成主流。第七次全国人口普查数据显示，我国平均家庭规模已经跌破3人，仅为2.62人。空巢家庭超过一半且越来越多，一些大城市的空巢家庭比例甚至超过70%。单亲单身人数也在逐渐增加。与此同时，出现了一些与传统家庭及社群不同的新型多元化社群，如结伴、合居、独居、寄居、单身，以及因各种兴趣爱好而聚集的社群形态。

人的跃变体现在人的主体上。从年轻人角度看，有新人类、新新人类和Z世代，以及后人类。从老年人角度看，变化也很大，正在进入老龄期的50后、60后老人与30后、40后老人相比，有很多不同的特征，可将前者称为"新老人"。这些新人类、新新人类、Z世代、后人类和新老人构成了我们了解和认识老龄社会的主体视角。

二、失衡和不适应

人口老龄化与社会体系之间的失衡和不适应。我国人口跃变突出体现在从轻度老龄化、快速老龄化向中度老龄化、急速老龄化的跃变，以及人口总量超乎预期地提前到达峰值。人口老龄化进程加速，导致养老金等养老财富面临的压力快速增大，缴纳养老金的人口比例、领取养老金的人口比例都在快速变化，带来的挑战也越来越大。从更大的视野看，挑战的实质是当下社会的经济、社会社区、公共政策、文化心理、财富保障、基础设施、技术运用、服务体系乃至老龄产业等一整套体系，都是与人类有史以来的年轻社会相适应，而与正在到来的老龄社会不相适应的，这就是人口老龄化与社会体系之间的失衡和不适应。

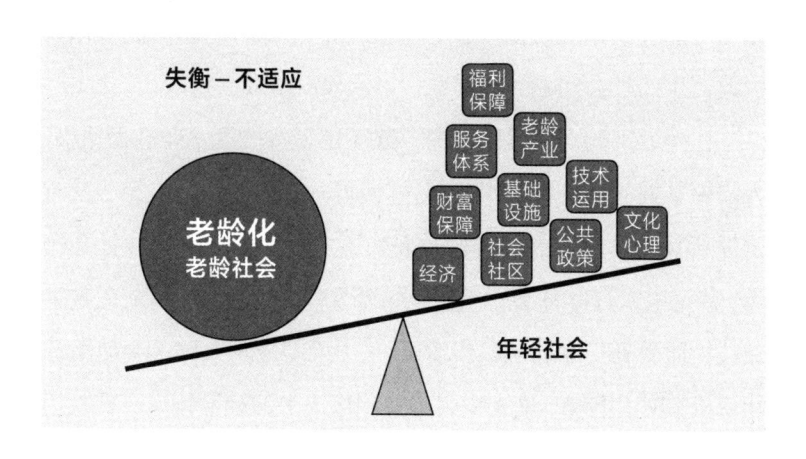

失衡－不适应

老龄化
老龄社会

福利保障　服务体系　老龄产业　财富保障　基础设施　技术运用　经济　社会社区　公共政策　文化心理

年轻社会

失衡
不适应 ⇨
- **障碍**（基础设施）　**受困**
- **阻碍**（社会参与）　**隔阂**（人际）
- 技能排斥　代际**冲突**
- 利益**不公**　权利**受损**（弱势）
- 新的**贫困**　……

社会问题和挑战。这种失衡和不适应将导致越来越多的社会问题和挑战，比如基础设施的障碍和困境。现有基础设施是适应年轻社会的，随着人口老龄化程度的不断加重和老龄群体规模的不断扩大，既有基础设施会成为大量老龄群体的障碍。此外，由于人口老龄化导致的社会群体及板块的变化，老龄群体的社会参与可能会受到阻碍，从而产生社会隔阂。这种阻碍和隔阂以及由此衍生的社会问题，也是我们必须面对的社会挑战。

代际数字鸿沟及代际冲突。数字化等新技术发展进程加快，人需要掌握的新技能越来越多，这使得一些因种种原因无法及时掌握新技术、新技能的群体，面临事实上的社会隔离和社会排斥，甚至引发代际冲突。新冠疫情暴发以来，老年人因缺乏数字化技能而受到排斥的现象屡屡发生，比如，老年人因不会使用智能手机、网上购物、网上支付等受到事实上的社会排斥，难以正常交往、生活、出行和就医，从而产生一些社会冲突。

新的不公。这种失衡和不适应还会带来利益分配的不公，以及一些群体特别是弱势群体权利的丧失，进而产生新的贫困，包括"信息贫困"。

人口老龄化不是问题，失衡和不适应才是问题。在人口老龄化背景下，我们面临的重要挑战并不是人口老龄化本身，而是既有的基于年轻社会的一整套社会体系与人口老龄化和老龄社会之间的失衡和不适应。

三、老龄社会转型三部曲

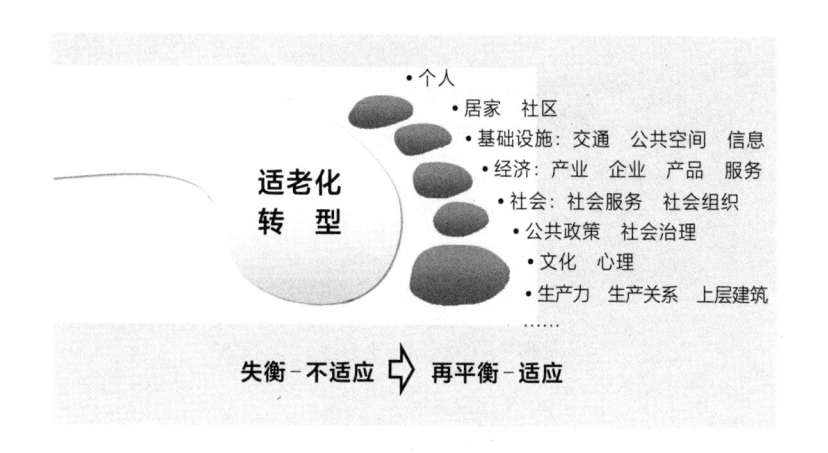

适老化转型
- 个人
- 居家 社区
- 基础设施：交通 公共空间 信息
- 经济：产业 企业 产品 服务
- 社会：社会服务 社会组织
- 公共政策 社会治理
- 文化 心理
- 生产力 生产关系 上层建筑
……

失衡-不适应 ⇨ 再平衡-适应

积极应对人口老龄化，就是要完成从年轻社会向老龄社会的转型，即"适老化转型"，使既有的不适应人口老龄化和老龄社会的一整套社会体系转型为与之相适应，转型的目标就是从失衡和不适应到再平衡和适应。为此，全社会需要大量推动性工作，通过三个阶段实现从年轻社会向老龄社会的转型。

共识启动期。大致从2018年至2022年，全社会形成关于积极应对人口老龄化和老龄社会的认知和共识，形成关于如何面对人口老龄化跃变和包容性老龄社会，如何面对从年轻社会向老龄社会转型的共识。

基础建设期。大致从2023年至2035年，全社会大力推动适应人口老龄化和老龄社会的基础设施、基础制度的改造和建设。

社会转型期。大致从2036年至2050年，在完成人口老龄化和老龄社会转型所需的基础设施、基础制度的改造和建设后，全面实现从年轻社会向老龄社会的转型。

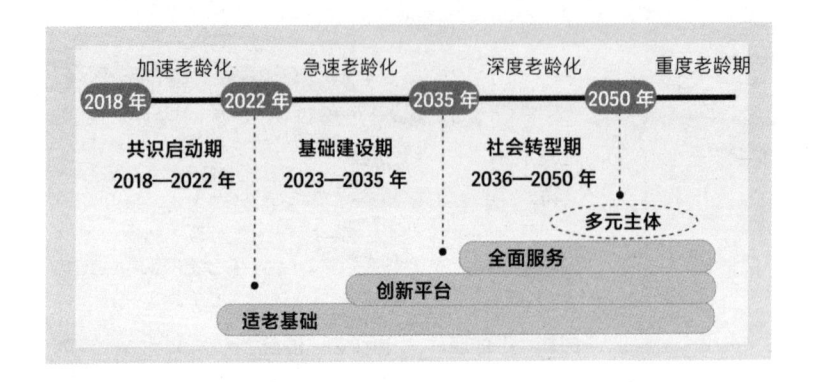

```
       加速老龄化      急速老龄化      深度老龄化      重度老龄期
    ─2018年─────────2022年─────────2035年─────────2050年──
        共识启动期       基础建设期       社会转型期
       2018—2022年    2023—2035年    2036—2050年
                                              多元主体
                                       全面服务
                                创新平台
                        适老基础
```

四、包容性老龄社会

面对不断加快的人口老龄化进程和人口老龄化跃变，特别需要针对由人口老龄化跃变带来的失衡和不适应，以及由此带来的各种社会问题和挑战，着力构建一个具有广泛包容性的老龄社会，推动人口老龄化和老龄社会下的经济包容、社会包容、技术包容和政治包容，而与其密切相关的年龄包容、能力包容和多元文化包容等则需要优先推动和构建。

年龄包容。重视适老、参与、互助、全龄友好，不同年龄群体的社会参与、自主工作和终身学习的权利都应得到保障。

```
                经济包容   社会包容
                技术包容   政治包容
                        ▼
  年龄包容                        能力包容
适老 参与 互助 全龄友好 ▶ 包容性 ◀ 失能 技能不足 弱势 托底
社会参与自主工作 终身学习    老龄社会    意定监护 生命关怀
                        ▲
                多元文化包容
              家庭 单身 结伴 同好 同域
              生育支持 宗教信仰
```

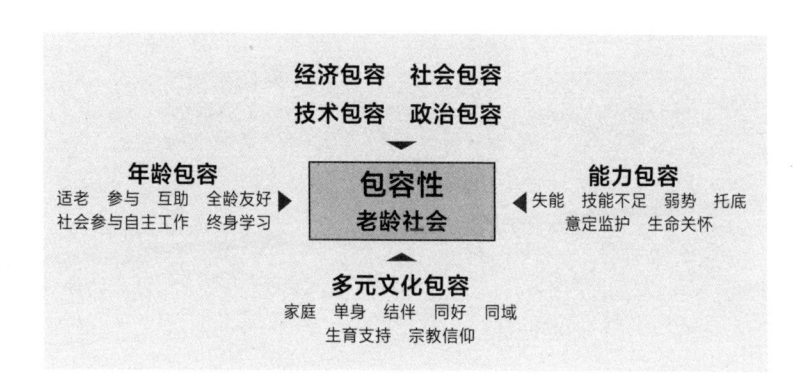

能力包容。个体能力千差万别。一方面，一些老人会进入半失能、失能或失智阶段，行为、认知或情感能力会有不同程度的变化或衰退；另一方面，代际数字鸿沟等技术鸿沟的存在，仍然是相当一部分老人将要长期面临的障碍。因此，任何社会和技术体系的升级优化，都需要兼顾和保障不同能力、不同素养的群体，使他们都能够享受到老龄社会的普惠福利和普遍服务。

多元文化包容。多元文化的社会形态正在涌现，未来必将进一步突出。传统家庭、单身、单亲、结伴、合居、独居、寄居和辅助生殖等诸多形态，都应该得到全社会的广泛包容。

在不断加快的人口老龄化进程和老龄社会转型中，我们需要积极应对基础设施、人力资源、财富保障、服务体系、老龄产业、生育政策、技术鸿沟乃至生命关怀等一系列人口老龄化挑战，通过推动构建面向多元主体社群形态的基础设施与基础制度、创新平台和全面服务等完整体系，形成多元包容、全龄共享、智能创新的包容型老龄社会。

基础设施	人力资源	财富保障
服务体系	**人口老龄化挑战与对策**	老龄产业
生育政策	技术鸿沟	生命关怀

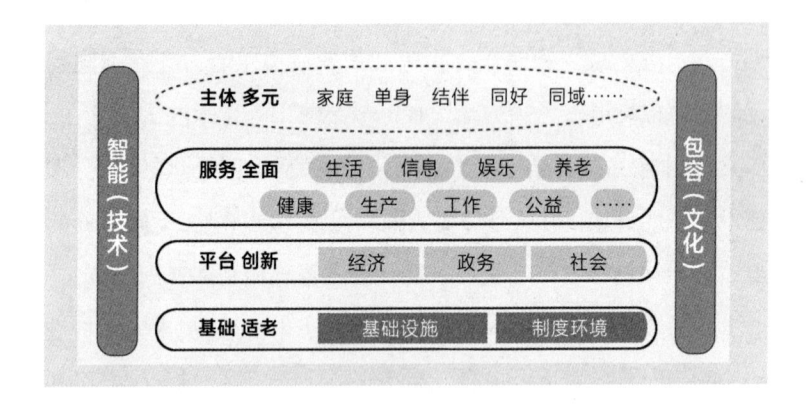

智能（技术）

- 主体 多元： 家庭 单身 结伴 同好 同域……
- 服务 全面： 生活 信息 娱乐 养老 健康 生产 工作 公益 ……
- 平台 创新： 经济 政务 社会
- 基础 适老： 基础设施 制度环境

包容（文化）

人口负增长早期的新人口机会

原新
南开大学经济学院人口与社会发展研究所教授、盘古智库学术委员、老龄社会 30 人论坛成员

一、基本背景与基本概念

新中国成立以来,长寿化和少子化持续并进。人口发展规律指出,长期低生育率的必然结果就是人口负增长,长寿化和少子化的必然结果就是人口老龄化。人口负增长和人口老龄化交汇是百年未有之人口大变局最大的"灰犀牛",引发人口全要素与经济社会变革交织联动,将贯穿中国式现代化建设的全过程,需要科学认识、主动适应、积极应对。

从少子化角度看,国家统计数据显示,20 世纪五六十年代我国的总和生育率（相当于各年龄组育龄妇女生育率之和）达到 6 以上，而 2022 年仅为 1.09。毫无疑问，中国已经进入了全世界低生育率的国家和地区的行列。从长寿化角度看，新中国成立以前，我国人口的平均预期寿命仅为 35 岁，1950 年为 43 岁，现如今约为 78 岁。可以说，少子化和长寿化是我国未来中长期人口发展的大背景。

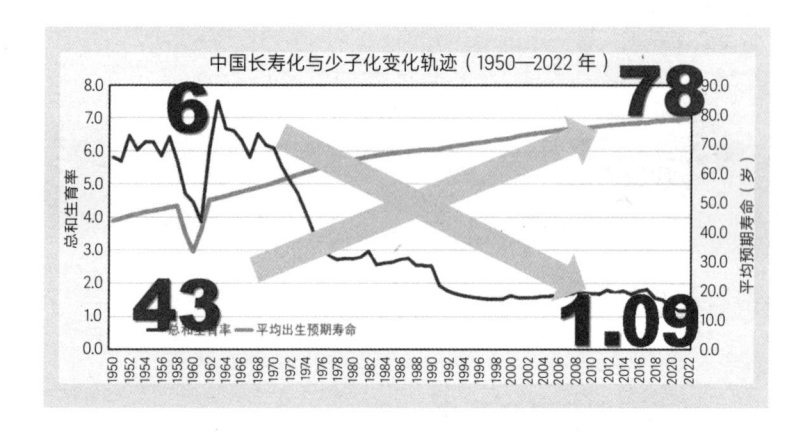

中国长寿化与少子化变化轨迹（1950—2022 年）

人口是国家发展的内生性要素和基础性要素。人口是经济社会发展全要素投入中最具活力、最具创造性、最具能动性的要素，且在经济社会中的投入以劳动力形式出现。在较长一段时间里，中国人口红利消失论很流行，要讨论这个问题，我们需要追溯到人口机会和人口红利产生的根源。实际上，人口红利概念是西方学者研究人口与经济发展关系时创造出来的。该概念由两部分组成，即人口机会和人口红利。人口机会是人口学的概念，是在人口转型过程中形成的有利于经济社会发展的人口条件。需要注意的是,人口机会并不会自动转化为人口红利。人口红利是经济学概念,是由人口机会转化而来的实实在在的经济产出,如GDP、国民收入等。人口机会向人口红利的转化需要经济社会决策和环境等中介因素或转化机制来匹配。因此,若人口机会未能有效转化为人口红利,就说明人口机会被浪费了,而非人口红利消失了。可以说,人口发展的不同阶段为经济社会发展提供了不同的人口机会,因此必须高度重视人口机会的转化,在讨论人口红利时,要避免将人口机会和人口红利两个概念混淆。

二、人口负增长大势已定

2023年1月,国家统计局公布了2022年中国人口数据。数据显示,全年出生人口956万人,死亡人口1041万人,净增长人口是-85万人。这是新中国成立以来(除了1959—1961年"三年困难"时期),中国人口首次出现自然状态下的负增长。20世纪60年代初期的负增长是由死亡率突变驱动的,但是现阶段的人口负增长则是由生育率降低主导的,是在低死亡率背景下出现的生育率更低的现象。这种负增长可以被称为趋势性人口负增长,与灾难性变化有较大区别。回顾人类发展的历史,灾难导致的人口负增长都是短暂的,灾难平息后,导致死亡率异常升高的因素消失了,人口便会马上回归到灾难发生前的变动轨迹上。而由低生育率主导的人口负增长一旦形成,短期之内将很难实现逆转。

相关数据显示，1997年，中国人口最后一次出现年出生人口超过2000万人，之后出生人口持续减少，到2010年，出生人口已减至1592万人。随着生育间隔的取消、单独二孩和全面两孩政策的实施，2011年至2017年的年平均出生人口升至1819万人，创造了一个小的人口出生高峰，但总体呈波动下降趋势。2018年，出生人口又降至1523万人，之后一直下跌，2022年出生人口不足1000万人，尽管三孩政策已经实施，但目前尚未显现出实际效果。

另外，新冠疫情的暴发，无论疾病本身还是对人未来的预期，都对生育率具有较大影响。中国的出生人口是否会在疫情结束之后出现反弹，是一个值得思考和讨论的问题。可以说，2022年出现的人口负增长，从阶段上来说仍然属于人口零增长的阶段。未来两三年出生人口数或许会有小幅度增加，但能否超过死亡人口数需要拭目以待。总之，中国常态化的、稳定的、长期的人口负增长大趋势已经确定，这也是人口发展规律的必然结果。

我们通过出生率和死亡率变化的大趋势能够看到，从新中国成立到2022年，我国人口出生率和死亡率双双下降，即出生率变化和死亡率变化两股驱动力量相向而行，促成了人口减速增长，直至负增长。2022年以后，死亡率不断上升，但生育率、出生率继续保持相对较低的水平，且两者之间的差距不断扩大，出生率和死亡率变成了背道而驰，维持和深化了人口增长过程。

中国人口自然变动：过去与未来

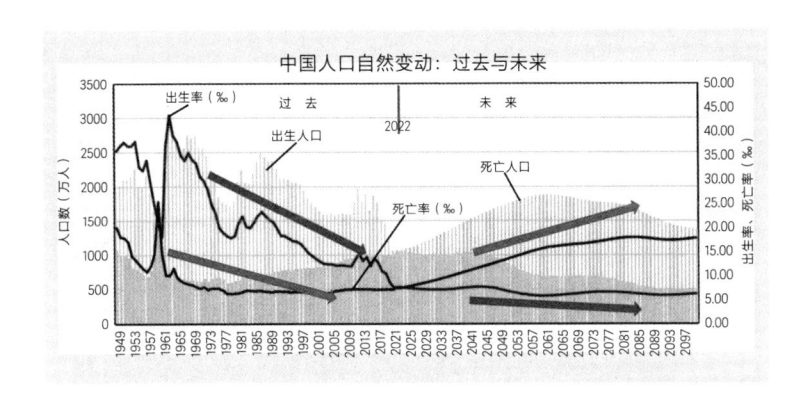

20世纪80年代初，我国提出"控制人口数量，提高人口素质"的人口国策。在这一国策的执行过程中，外生性生育政策和内生性经济社会发展这两股力量指向同一个方向，就是低生育率，并且过去的政策取得了很好的效果。但是现在，内生性经济社会要素继续指向低生育率，而外生性生育政策则在不断地放开，鼓励人们生育。这两种力量从相向相辅变为相背相左。所以，未来鼓励生育的政策到底会产生怎样的效果，应该说至少不会像过去降低生育率时的生育政策所显现出的效果好。这种内生性的低生育率和人口负增长的动力机制，实际上已经难以更改。从每年净增人口变化看，在1950年到2100年这150年间，我国净增人口整体呈现不断减少的趋势，2022年以后人口净增加由正转负，开始净减少。进一步观察可知，2022—2050年的人口减少处于早期温和期，年净减少人口数量逐年递增，2050年约为800万人；2050—2100年年净减少人口逐渐增至1000万人以上，进入负增长远期剧烈变动期。

中国年净增人口：过去与未来

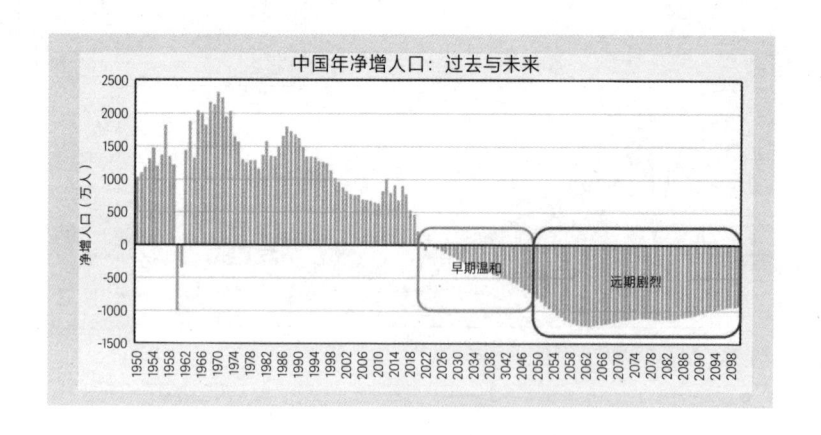

[图表：包含"早期温和"和"远期剧烈"两个标注区域]

三、未来 30 年，宏观人口形势基本面

（一）规模上，人口规模巨大是首要特征

从现在到 21 世纪中叶的约 30 年时间里，也就是在人口负增长的早期阶段，人口数量、结构、素质、迁移流动和分布呈现出新的人口机会。

联合国人口理事会在《世界人口展望 2022》中，对所有国家和地区进行了 9 个方案的人口预测，其中包括低方案、中方案、高方案。就中国而言，高方案是指中国人从现阶段平均生育 1.09 个孩子，逐渐增加，到 2050 年升至 1.8 个孩子，2100 年达到 2 个孩子，这是一个很难实现的天花板方案。中方案是指在现阶段基础上缓慢提升生育率，到 2050 年平均生育 1.4 个孩子，2100 年达到 1.5 个孩子，实现微弱增长。低方案是指生育率在现阶段的基础上继续降低，到 2050 年降至约 0.9 个孩子，2100 年平均生育 1 个孩子，这是一个超低生育率的警告性方案。

预测结果显示，2050 年，低方案的中国人口约为 12.2 亿人，相比现在减少约 14%；中方案约为 13.1 亿人，相比现在减少 7%；高方案约为 14.1 亿人，相比现在几乎没有变化。如果进一步对比 2050 年和 2100 年的人口预测数据，2100 年高方案的中国人口为 11.5 亿人，中方案为 7.7 亿人，而低方案仅为 4.9 亿人，相比 2050 年各自减少约 18%、41% 和 60% 的人口。

可以看出，不同方案在 21 世纪后半段（负增长远期阶段）和未来 30 年（负增长早期阶段）显现出的人口变动情况是截然不同的。这还只是人口数量的变化，如果把人口结构变化也作为考量的因素，那么不同方案间的老年人口和比例、劳动年龄人口和比例等都将表现出巨大差距。不管怎样，即便生育率下降速度加快，未来 30 年，人口规模巨大依然是我国人口发展的首要特征，中国仍然是全球人口数量达到 10 亿级以上的两个国家之一。

1. 从全球看，印度成为第一人口大国

中国人口负增长之时，也是印度人口总量超过中国之时。截至 2023 年，印度已取代中国成为世界第一人口大国。随后印度人口将持续增长至 21 世纪 60 年代的峰值 17 亿人左右。中国人口则会继续减少，将于 21 世纪末期减少到约 7.7 亿人，届时印度的人口数量约为 15 亿人。对此，有人表示，就两个国家的未来而言，印度将更具人口红利。但是，能否转化为人口红利并且实现经济产出，取决于印度经济社会发展和相关政策的出台、落实的情况。

中国和印度人口的变化

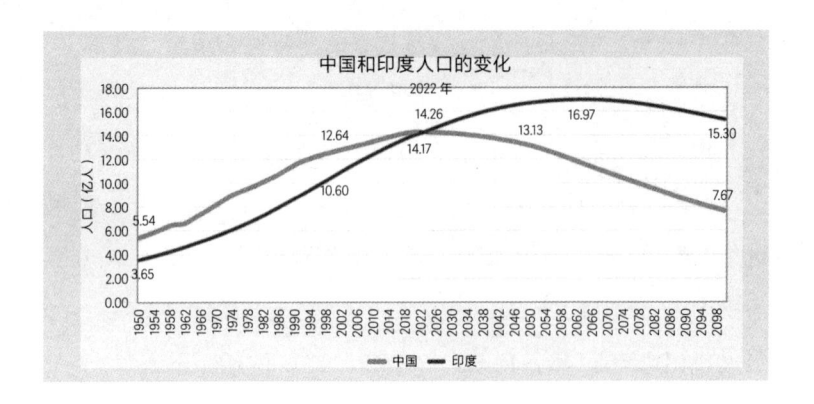

2. 从国内看，人口负增长区域由点及面扩大

从人口自然变动看，上海是中国第一个出现户籍人口自然变动负增长的城市。1993年，上海户籍人口自然变动开始负增长并一直持续至今，但直到现在，上海的常住人口仍在不断增加。外来人口为上海这个国际大都市注入了无限活力，是保持城市人口扩大的生力军。

2021年，我国已经有13个省（自治区、直辖市）出现了人口自然变动负增长，也就是出生人口少于死亡人口，累计覆盖约6亿人口，占全国总人口的42.2%。同一年，受到迁移流动人口的影响，16个省（自治区、直辖市）的常住人口出现负增长，累计覆盖6.5亿人口，占全国总人口的46.2%。也就是说，2021年已经有一半左右的省（自治区、直辖市）出现了人口负增长，未来这种数量上的变化还将持续。

（二）结构上，老龄社会向深度老龄社会转型

人口负增长和人口老龄化相互交织，人口负增长将加剧人口

老龄化进程，老龄社会快速向深度老龄社会转型。中国自 2000 年进入老龄社会，当时，60 岁及以上人口比重达到 10%，老年人口约为 1.3 亿人。2020 年，中国老年人口数量约为 2.6 亿，2025 年将超过 3 亿，2033 年将超过 4 亿，2054 年将达到峰值，约 5.2 亿。随后老年人口开始减少，但到 21 世纪末期，中国仍将拥有 3.6 亿老年人口。

就老龄化水平而言，2020 年老年人口所占比重为 18.7%，2024 年超过 20%，我国将进入中度老龄社会，预计到 2035 年，老年人口所占比重将超过 30%，中国将进入重度老龄社会。2054 年老年人口达到峰值时，中国老年人口所占比重将超过 40%，中国将进入超级老龄社会，但是之后，老年人口比重增长趋势并不会停止，到 2080 年左右将达到 48% 以上，即近半数人口为老年人口，这是中方案的预测结果。如果说生育率持续走低，按照低方案预测，到 2080 年，我国老年人口的比重将达到 62%，生育率越低，老龄化程度越高。

人口老龄化是人口整体的年龄结构变化，不能只盯着老年人口及其比重，要看全龄人口，劳动年龄人口、少年儿童人口都在其中，人人都在其中。

1. 劳动年龄人口缩减，但供给规模依然丰盈

劳动年龄人口虽然在缩减，稀缺性增大，但供给规模依然丰盈。15～59 岁的劳动年龄人口已于 10 多年前达到峰值——2011 年为 9.3 亿人口。2011 年以前，我国劳动年龄人口处于攀升式增长向峰值迈进的高原期；2011 年以后，劳动年龄人口不断减少,处于从峰值向下行的高原期。从现在到 21 世纪中叶,我国的劳动年龄人口将从 8.9 亿人减至 6.5 亿人。从全球看,2050 年以前,我国在任何节点上的劳动力数量均大于发达国家劳动力总量之和。

虽然劳动力的稀缺性在增大,但是开发人力资源的机会依然存在,只是相比改革开放以来的 40 多年出现了弱化现象。

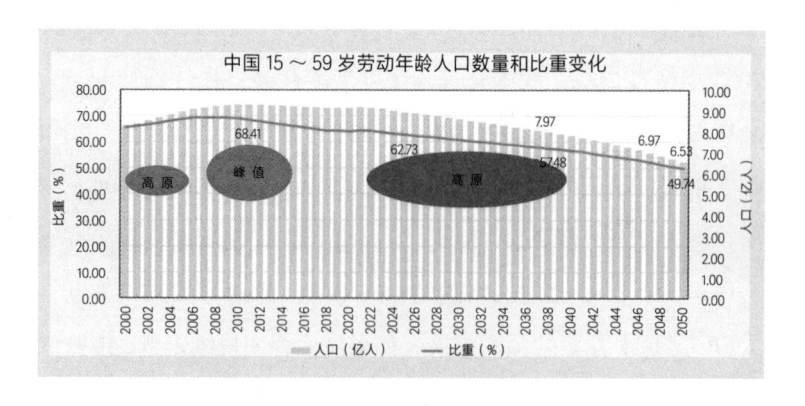

中国 15～59 岁劳动年龄人口数量和比重变化

2. 人口负增长早期的低龄老龄化特征显著

未来 30 年,无论是老年人口数量,还是老龄化程度,都会增加一倍。但在此过程中,如果把老年人口分成 60～69 岁的低龄老人、70～79 岁的中龄老人、80 岁及以上的高龄老人,我们会发现,60～69 岁的低龄老人恰恰处在快速增长期,将从 1.5 亿人增长到 2.1 亿人,呈现出低龄老龄化特征。2050 年以后,60～69 岁的低龄老人开始不断减少,到 2075 年会减少至 1.6 亿人,到 21 世纪末期将减少到不满 1 亿人。国家提出的促进老年人社会参与、渐进式推迟法定退休年龄的目标群体就是低龄老人,并且这类人群在未来 30 年持续增加,将为中国创造延迟退休、开发老年人力资源、促进老年人社会参与等的机会窗口期。这种机会短暂且弥足珍贵,因为 21 世纪后半段中国将呈现高龄老龄化特征。

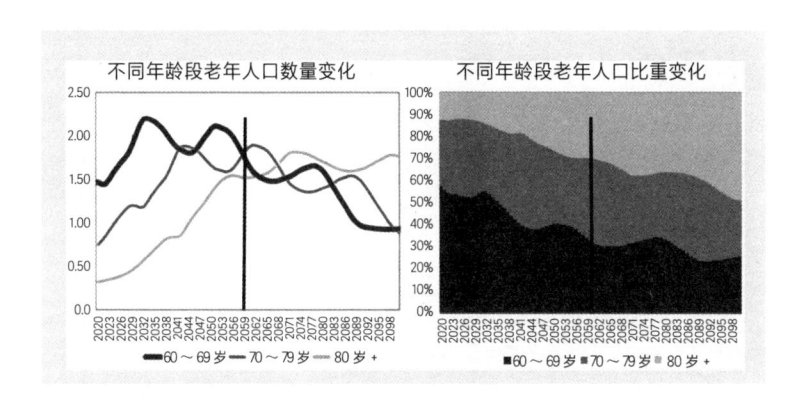

3. 从以"养小"为主向以"养老"为主转变木已成舟

2020 年,中国 0 ~ 14 岁少年儿童人口为 2.53 亿人,60 岁及以上老年人口为 2.64 亿人,老年人口数量超过了少年儿童人口数量,少儿抚养比为 28.3(15 ~ 59 岁劳动年龄人口 =100,下同),老年抚养比为 29.5,这标志着我国社会养"老"的负担反超养"小"的负担,且养老的负担将越来越重。交汇期在 2021 年,两者均为 28。之后,少儿抚养比基本稳定在 20 左右,而老年抚养比到 2051 年将增长至 81 左右,总抚养比超过 100;到 2073 年,老年抚养比将达到 102,而总抚养比将超过 120;到 2080 年,老年抚养比约为 117,总抚养比将超过 140。另外需要特别关注的是,从社会公共支出角度看,"养老"的人均支出数倍于"养小"的人均支出。所以，未来医疗保险、基本养老保险、长期照护、老年服务等一系列公共支出会直线上涨，"养老"和"养小"的反转，实际上会增加整个社会的公共支出。

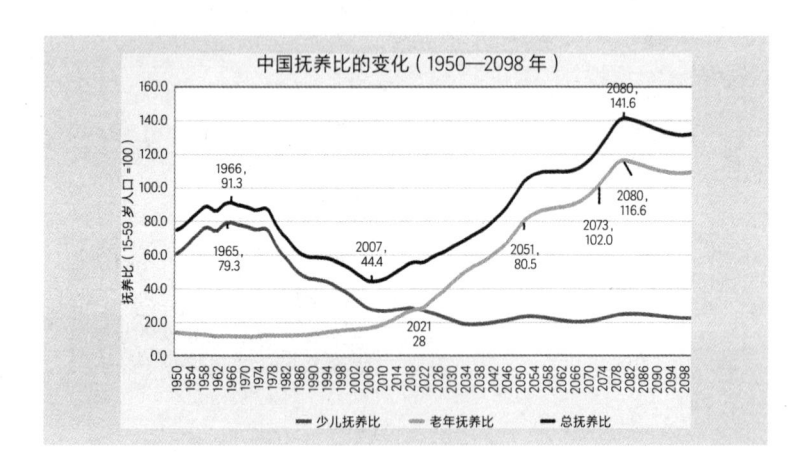

中国抚养比的变化（1950—2098年）

少儿抚养比　老年抚养比　总抚养比

关键数据点：1965, 79.3；1966, 91.3；2007, 44.4；2021, 28；2051, 80.5；2073, 102.0；2080, 141.6；2080, 116.6

（三）质量上，人力资源大国正在转向人力资本大国

目前，很多人在担忧人口负增长是否会带来各种各样的危机，但实际上，我们将面临人口大国与人口强国的问题。人口强国虽然包括人力资源的强大，但更注重人力资本的持续加大，如此才能称得上人口强国。改革开放以来，我国健康、教育水平得到极大提升，可以说实现了质的飞跃。

从平均预期寿命看，1982年第三次全国人口普查时不足68岁，现在已经达到约78岁。在新生儿、婴儿死亡率、5岁以下儿童及孕产妇死亡率等联合国衡量一个国家健康状况的核心指标方面，我国均低于中高收入国家的平均水平，可以说已经进入了健康相对较好的状态。

从教育水平看，2021年，高等教育的毛入学率达到57.8%，我国已经进入高等教育的普及阶段。与改革开放初期相比，我国文盲人口从2.3亿人减少到3800万人，文盲率从22.8%降到2.7%，而且从人口结构看，目前的文盲人口基本是七八十岁的老人。15岁及以上的人平均受教育年龄从5.3年增长到9.9年。从大学受教育人口看，根据教育部统计，2021年，中国受过大学教育的人口累计达到2.4亿人，占总人口的17%。在1982年时，该数为625万人，仅占总人口的0.6%。短短40年，从占总人口比重不到1%增长到占17%，可以说是巨大的提升。2022年，高等教育毕业人口，包括大学专科、本科、研究生（硕士、博士）的毕业人口，累计1076万人，中等职业技术教育毕业人口接近500万人，也就是说，具有中、高等教育水平的人口数量每年新增1500万人左右。健康状况的改善、教育水平的突飞猛进，为我国成为人力资本大国奠定了雄厚基础。

（四）空间上，人口迁移流动活跃，城镇化水平攀升

中国的农村人口在1995年达到峰值，为8.8亿人，随后就进入负增长通道。目前，我国农村人口不到5亿人，而城镇人口不断增加，已经超过9亿人，城镇化水平超过65%。如果按照未来的规划，2030年，我国的城镇化水平将达到70%，2050年将达到75%～80%，农村人口还将净减少1.7亿～1.8亿人，城镇人口将净增加7000万～8000万人。农村人口向城镇人口的转化，盘活了劳动力的空间分布，同时也改善了劳动力自身的劳动

参与率和劳动生产率。在这样的背景下,一个相对封闭、要素静止的乡土中国正在向一个开放、要素不断活跃的城镇中国转型,这个转型对于所构建的社会管理、社会福利、社会治理体系都提出了新的挑战,同时,也对整个国家治理及乡村振兴、新型城镇化道路提出了双向挑战。

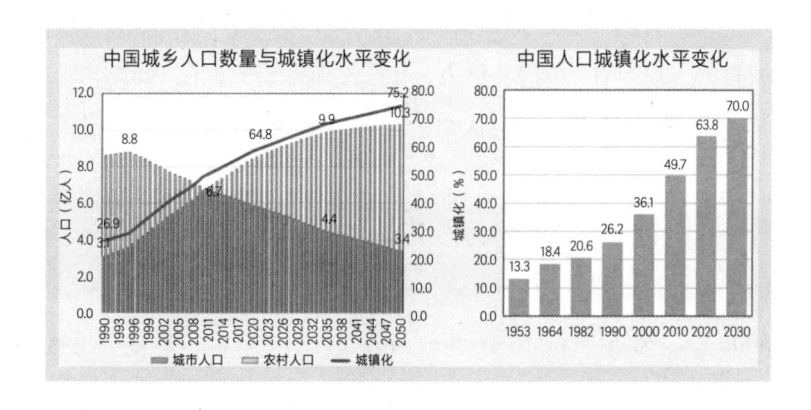

(五)政策上,全面转向积极生育政策措施

从政策层面看,我国生育政策从紧缩型向积极型转变,经历了以下几个阶段:1971年,开始推行计划生育,提出"晚、稀、少"生育政策;1980年,提倡一对夫妇只生一个孩子;1984年,调整为"城镇一孩、农村一孩半,部分二孩,少数民族更加宽松";2002年,各省取消生育间隔;2013年,提出单独二孩政策;2015年,推行全面二孩政策;2021年,推行三孩政策。

从法律层面看,计划生育被列为国家基本国策,被写入《中华人民共和国宪法》和《人口与计划生育法》,并根据不同时期的人口战略和生育政策进行修订。2021年,根据三孩政策,取消所有的生育处罚措施，明确提出构建积极的生育政策措施。各省（自治区、直辖市）也出台了相应的地方性法规和优惠政策，从经济、时间、技术、服务、环境等方面，支持和鼓励生育。2022年，党的二十大又提出要降低生育、养育、教育成本，形成新一轮的生育支持体系，希望能够促进生育率回升。

四、新人口红利的认识

第一，秉持"科学认识、主动适应、积极应对"的原则。科学认识是必要的。人口问题具有双重性，既有挑战，也有机会。我们不能夸大机会，也不能放大挑战，而应该对其进行正确认识。如果经济社会不能适应人口负增长和人口老龄化，那么这个状态就会引发问题，而要解决这个问题，就必须在经济社会大系统中进行统筹应对。主动适应是关键。当谈及负增长、老龄化等话题时，人们往往首先想到的是如何扭转局面。然而，适应是至关重要的。既然人口负增长和人口老龄化已经成为常态，那么我们必须首先去适应。适应的积极意义在于寻求机会、利用机会和开发机会的过程。只有科学认识和主动适应，才能更好地、更积极地应对问题，正确评估哪些挑战和困难必须面对，哪些方面有可能得到改善。

第二，区分中国人口负增长的阶段性。未来30年的人口负增长变化将是温和的，但30年之后，人口负增长变化将会变得剧烈,而到 100 年之后,人口负增长变化将会更加剧烈。这个前提是保持 1.5、1.3 或 1 的生育率不变。

根据联合国在 2004 年进行的研究——"2300 年的世界人口",当生育率为 2.35 时,300 年后的世界人口将达到 360 亿人;当生育率为 2.05 时,未来 200 年到 300 年的世界人口将保持在 80 亿至 90 亿人之间;如果生育率为 1.85,那么 300 年后的世界人口将仅为 23 亿人,不足目前的三分之一。就中国而言,如果 1.09 的生育率持续 300 年,并且假设死亡率持续下降,人均寿命在 300 年内达到 100 岁,那么到 21 世纪末,中国人口约为 4 亿人,到 2200 年将减少到不足 2 亿人,到 2300 年则仅剩约 4000 万人。

因此,低生育率,尤其是超低生育率和长周期结合的影响绝对不能忽视,超低生育率叠加长周期将是人类的灾难。总之,我们必须认识到,一是人口负增长的早期阶段是温和的,在这个阶段,我们仍然有时间和机会采取措施应对问题;二是长期来看,人口负增长将会带来更大的挑战,我们需要提前做好准备。

第三,挑战与机遇并存。人口负增长带来的挑战是显而易见的,主要包括劳动力减少、人口老龄化加剧、社会保障压力增加等。这些问题需要我们采取措施来解决,包括提高劳动力市场灵活性、提升劳动生产率、优化社会保障制度等。同时,人口负增长也带来了一些机遇。首先,人口负增长可以缓解资源环境压力,减少人类对自然资源的消耗,有利于可持续发展。其次,人口负增长可以推动技术进步和创新,提高生产效率,促进经济结构升级。此外，人口负增长还可以激发消费需求，促进消费升级。因此，我们不能仅看到人口负增长带来的挑战，也要看到其中的机遇，积极应对，寻找发展新动力。

第四，超级老龄社会将给经济、社会、民生、家庭和代际关系等各个方面带来全方位挑战。

从经济角度看，一方面，劳动力稀缺性增大，导致劳动力价格上升。尽管我国劳动力供给总量仍然庞大，但过去40年里，依靠劳动密集型出口优势的时代已逐渐远去，劳动力价格上升导致经济潜在增长率下降。另一方面，经济总量有限。老年人口比重将从目前的约20%增长到40%以上，与老年人口相关的金融资本市场规模不断扩大。在经济总量有限的情况下，用于实体经济的资金将减少，资本市场和实体经济市场的矛盾将凸显。

从代际关系的角度看，养老是让老年人老有所养，供给者是现在的年轻人。这将导致年轻人和老年人之间的代际关系紧张，涉及养老关系、社会保障金缴费和领取关系，以及长期照料保险缴费和领取关系等。

从资源环境的角度看，人口数量减少可能会缓解资源环境与人口数量之间的紧张关系。然而，人均粮食消费量、人均肉类消费量和人均生活能源消费量都在不断增加，人们生活水平的提高将继续增大资源环境的压力。

第五，人口机会不会自动转化为人口红利，实现人口机会向人口红利的转化，需要经济社会正确决策的加持。人口机会与人口红利的关系可以用一个简单的公式表达，就是"人口机会＋

政策环境＝人口红利",没有政策环境的正确加持,人口机会就只是一个机会而已,绝对不会自动变成人口红利。

回顾历史,改革开放40多年来,我国人口规模迅速扩大,为经济社会发展提供了充足的劳动力资源和人口红利。加入全球化进程后,我国成为吸引外资最多、使用外资最多的国家,被誉为"世界工厂",形成了劳动密集型产业结构,通过高劳动参与率收获了经济高速增长的"中国经济奇迹",年均GDP增长率约为9%,在世界经济中占有重要地位。

展望未来,我国人口机会正在转型,呈现出综合型特点,包括规模型、资源型、素质型、配置型、长寿型、制度型等多个方面。这是推进和拓展中国式现代化的人口基础。在高质量发展的过程中,要依靠产业结构升级、国家战略协同、新人口机会挖掘、新人口红利创造等途径,实现从"中国制造"到"中国创造"的转变,应对人口老龄化等挑战。

总而言之,人口发展的未来并非一成不变,今天的措施和行动可以影响明天的人口变动。要客观认识人口转变过程中的人口机会转型,把人口规模、结构、素质、迁移、分布等方面的变动作为国家制定经济社会发展规划的内生要素和基础性要素。

人口老龄化新特征与养老服务新升级

李佳
盘古智库老龄社会研究院副院长、
老龄社会 30 人论坛成员

当前,人口老龄化已经成为全社会关注的焦点和热点,我国人口发展的内在动力和外部条件已经发生根本改变,老龄化的程度、速度、结构等正呈现出新的特征。

一是老龄化程度从轻度转为中度。目前,国际上普遍将 60 岁及以上或者 65 岁及以上人口占总人口的比重作为衡量老龄社会程度的标准。若以 65 岁及以上人口占总人口的比重来判断,超过 7% 但低于 14% 为轻度老龄化;超过 14% 但低于 20% 为中度老龄化;超过 20% 但低于 40% 为重度老龄化;超过 40% 为超重度老龄化。2021 年年末,我国 65 岁及以上人口突破 2 亿人,占总人口的 14.2%。

二是老龄化速度从快速转为急速。1970 年，我国 60 岁及以上老龄人口约为 5000 万人，1991 年达到 1 亿人，2013 年达到 2 亿人，预计 2025 年会突破 3 亿人，2033 年将超过 4 亿人。比较可以看出，从 5000 万到 1 亿用了 21 年，从 1 亿到 2 亿用了 22 年，而从 2 亿到 3 亿仅需 12 年，从 3 亿到 4 亿则仅需 8 年。老龄人口急速增长的原因是 1962—1976 年第二次出生高峰人口相继进入 60 岁老龄期。2022 年，我国 60 岁及以上老龄人口年增长首次突破 1200 万人，占总人口的比重增长了 0.9 个百分点，是新中国成立以来增长数量最高和增长速度最快的一年。

三是人口年龄结构迅速从年轻型转向老龄型。随着长期累积的人口负增长势能进一步释放，我国人口出生率近年来连创新低，总人口规模的增幅和增速明显放缓。2021 年，全国人口增长仅 48 万人，开始进入人口零增长区间。2022 年，全国人口减少 85 万人，是新中国成立以来第二次出现负增长。劳动年龄人口和少儿人口的持续减少，将造成人口年龄结构的剧烈变化——由传统的"金字塔"迅速转向"倒梯形"。老龄人口的数量和占比将由少儿人口的一半增至少儿人口的一倍。年龄中位数由 1953 年的 21.7 岁、2000 年的 30.3 岁迅速上升到 2020 年的 38.8 岁。

伴随着这些新特征，"十四五"期间我国将迎来一波前所未有的养老照护浪潮。随着第一代独生子女父母开始进入 70 岁以上的中高龄期，"4-2-1"家庭面临的风险和挑战日益增多。

"十三五"期间，全国各类养老服务机构和设施从 11.6 万个增加到 32.9 万个，床位数从 672.7 万张增加到 821 万张。数量的增长不等于质量的提升，护理型床位占比低、养老床位空置率高、养老服务水平低、养老服务价格高、照护人员不足、技术支撑不足等问题依然存在。

特别是 2020—2022 年，无论是居家养老、社区养老，还是机构养老，都受到了新冠疫情的较大冲击。一方面是"钱"的冲击，老龄群体有限的养老金与高价的养老服务无法匹配；另一方面是"人"的冲击，养老产业快速发展与照护人员供不应求之间矛盾突出。全国有 200 多万名老人入住约 4 万个养老院，但是工作人员只有 37 万人，其中真正的护理员仅 20 多万人，平均 1 个护理员要服务近 10 个老人。养老照护人员队伍呈现三低三高的特点：社会地位低、收入待遇低、学历水平低；流动性高、劳动强度高、平均年龄高。

为此，在养老服务的改善提升过程中，需要重点突出社会化、适老化、多元化和平台化。

第一，社会化是养老服务升级的方向。一方面，逐渐小型化的家庭已经无法承担养老之重。数据显示，我国平均每个家庭的人口已经降至 2.62 人，这意味着传统的"三口之家"已非标配，丁克家庭、单亲家庭越来越多。另一方面，养老服务社会化对老龄群体更加有益。家庭的服务能力是有限的，社会的服务能力远远大于家庭。只有养老服务社会化，老龄群体才能享受到更全面的服务。例如，幼儿园和学校的出现，就推动了家庭的抚育和教育社会化。

第二,适老化是养老服务升级的基础。在国民经济和社会发展规划、城乡规划等各项规划中,必须充分考虑人口老龄化发展的趋势与特点,前瞻性地安排各项工作任务、内容和目标,全方位地推动居家适老化、社区适老化、公共交通设施适老化、城市基础设施适老化和乡村基础设施适老化,以及服务、网络平台和信息界面等的适老化。同时,要进一步推动老龄社会相关政策和法律法规体系的建立。

第三,多元化是养老服务升级的动力。养老服务升级虽然需要政府主导建设,但不可能由政府一家独供。面对老龄社会,政府、社会、企业、家庭和个人必须多元参与,形成合力。政府要避免既当"运动员"又当"裁判员",而要努力当好"组织者"和"领导者"。

同时,我国幅员辽阔,城乡之间、地区之间、人群之间不均衡现象十分突出。面对不同地域、不同状态的老龄群体,各地区应根据当地老龄化情况,分步骤、分区域探索各具特色的实践策略。因此,养老服务体系的升级方案必然是多元化的。

第四,平台化是养老服务升级的重点。依托多元化主体提供更全面的服务,离不开平台的支撑。具体而言,需要建立创新型政务、经济和社会支撑平台。

创新型政务平台以适应全龄需求的便捷化公共服务为主要内容,以网络连接线上与线下,实现政府组织结构和办事流程的优化重组,构建集约化、高效化、透明化的政府治理与运行模式,面向老龄社会提供全面的管理和政务服务产品。

创新型经济平台以新一代信息技术为基础,以海量数据的互联和应用为核心,转变传统产业运行方式和价值输出模式,一方面依靠技术进步促进经济增长,最大限度地抵消人口老龄化对经济增长的负面效应;另一方面通过推动技术进步,增加人力资本投资,带动人才培养,提高劳动力质量和劳动生产率,在总体上应对老龄化带来的多方面挑战。

创新型社会平台以新的生态结构为重点,通过平台完善各类社会组织的分工与合作,加强政府、社会、市场、家庭、个人间的融合,使其各尽其职、各施所能、各得其所,共同迎接社会、环境等多重挑战。

人口老龄化不是问题,不适应才是问题。从适应、不适应到再适应,是人类社会发展的一般规律。面对人口老龄化的冲击,"十四五"是积极应对人口老龄化的关键时期,挑战和机遇并存。

第 2 章 积极应对人口老龄化，促进经济社会的可持续发展

中国劳动力老化对经济发展的影响机理及其战略应对

陆杰华
北京大学博雅特聘教授、盘古智库学术委员、老龄社会30人论坛轮值主席

一、研究背景

中国人口发展正在经历重大的历史性转向,中国已经进入人口少子化与人口老龄化相互交叠和深化的人口负增长时代。2022年的相关数据显示,我国60岁及以上人口占比达19.8%,65岁及以上人口占比达14.9%。人口老龄化不仅是老年人口比重的变化,更将重塑人口年龄结构,带来劳动年龄人口规模的缩减和劳动人口年龄结构的老化。相比劳动年龄人口规模的变化,劳动年龄人口年龄结构的变化更为重要。从劳动力变化趋势来看,我国

劳动力数量供给预计到 2050 年仍能保持在 8.15 亿人，但劳动力结构老化态势加剧。从经济发展需求来看，我国经济已从高速增长阶段转向高质量发展阶段，粗放型要素驱动增长正在向集约型创新驱动发展转变。

二、中国劳动力老化现状及发展趋势预测

（一）劳动力老化：概念比较与误区澄清

1. 劳动力老化相关定义

一般来讲，老年劳动人口是指劳动年龄人口中 45 岁及以上的人口。劳动力老化是指劳动年龄人口中老年劳动人口比重不断上升的动态过程。劳动力老化水平则是指 45~64 岁老年劳动人口占 15~64 岁劳动年龄人口的比重。但是，在现代经济社会中，实际的劳动力老化水平往往高于上述定义的劳动力老化水平。

2. 劳动力老化与人口老龄化

谈到劳动力老化与人口老龄化，二者的联系在于它们都是社会经济发展和人口转变的必然结果，都受到人口流动迁移的影响。而它们的区别，一方面是直接成因不同，劳动力老化与少儿人口和老年人口比重没有直接关系；另一方面是二者的形成有先后顺序，人口老龄化先于劳动力老化形成。可以说，劳动力老化比人口老龄化对经济发展的影响更为显著，因为劳动年龄人口

是经济活动的主要参与者。

（二）全国劳动力老化状况及其未来发展趋势展望

2000年至2020年间，中国老年劳动人口占劳动年龄人口比重整体呈上升趋势。相关数据显示，2000年，我国劳动力老化水平为27.30%，2017年首次超过40%的临界值，达到40.14%。2020年，劳动力老化水平增长至42.47%，平均年增长率为0.76%。

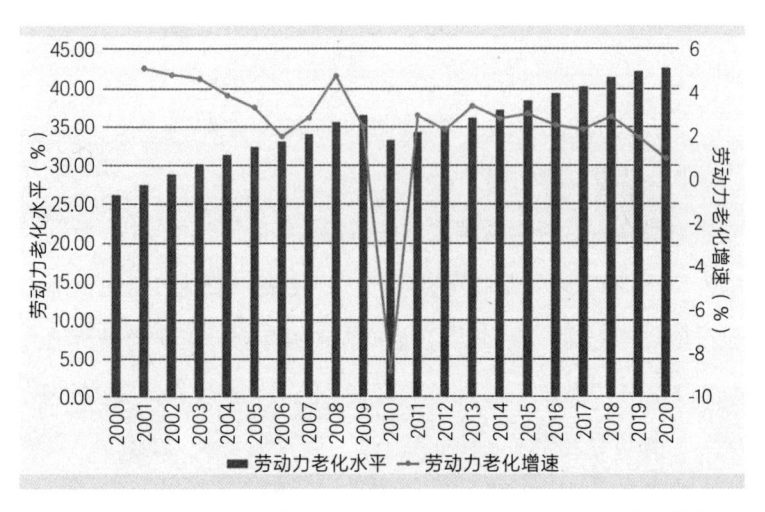

数据来源：中国统计年鉴（2001—2021）以及全国人口普查数据。

依据联合国《世界人口展望》（2017年修订版）中的人口预测中方案，使用中国人口与发展研究中心PADIS-INT人口预测软件对我国未来劳动力老化趋势进行预测，结果显示，未来20年，我国劳动力老化水平将持续上升，到2044年将达到约47%的峰值，随后缓慢下降，但始终保持在超出40%的高位。在此我们也可以得出一个结论,就是高度老化的劳动年龄人口结构将成为未来中国劳动力市场的新常态。

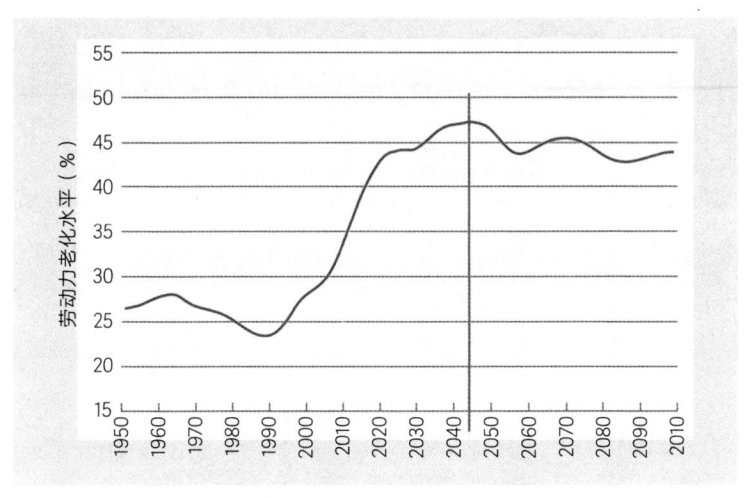

数据来源:联合国《世界人口展望》(2017 年修订版)。

(三)城乡与省际劳动力老化状况

首先,从城乡差异上看,我国农村的劳动力老化水平和速度远高于城市。2000 年,我国城市和农村的劳动力老化水平分别为 24.75% 和 28.93%,2020 年这一数字分别为 37.18% 和 50.24%。20 年间,农村劳动力老化水平的年平均增长速度为 1%,是城市年平均增长速度(0.56%)的约 1.79 倍,农村劳动力老化情况更为严重。

其次,从省份差异上看,我国不同省份(含自治区、直辖市)之间劳动力老化程度亦存在较大差距。根据第五次、第七次全国人口普查数据对我国各省份 2000—2020 年劳动力老化平均水平及其变动幅度进行测量,可以更直观地展现各省份劳动力老化水平的变化趋势。结果显示,劳动力老化水平变化幅度最大的5个省份分别为黑龙江、吉林、内蒙古、辽宁、湖北,变化幅度分别为24.46%、22.75%、22.29%、20.01%和19.46%;而变化幅度最小的5个省份为上海、西藏、天津、北京、贵州,变化幅度分别为7.14%、8.80%、10.45%、11.24%、11.82%。从地域分布上看,东三省均处于劳动力老化高水平高增长区间,西北、西南地区多数省份处于低水平低增长区间。

三、中国劳动力老化对经济发展的主要影响分析

(一)劳动力老化对劳动参与率和劳动生产率的影响

首先,劳动力老化对劳动参与率产生重要影响。从1990—2019年中国劳动参与率和劳动力老化水平看,自20世纪90年代后期起,我国劳动参与率加速下降,其变化趋势与劳动力老化水平呈负相关。从2000—2015年15～64岁分年龄组劳动参与率看,15～19岁年龄组人口劳动参与率下降最快,从2000年的44.52%下降为2015年的15.81%。

其次,劳动力老化对劳动生产率产生重要影响。劳动生产率随年龄变化的趋势表现为"倒U形"曲线/双峰曲线。一方面,针对中国的实证研究大多认为,劳动力老化对劳动生产率产生了显著的负向影响。近20年来,中年劳动者具有最高的劳动边际

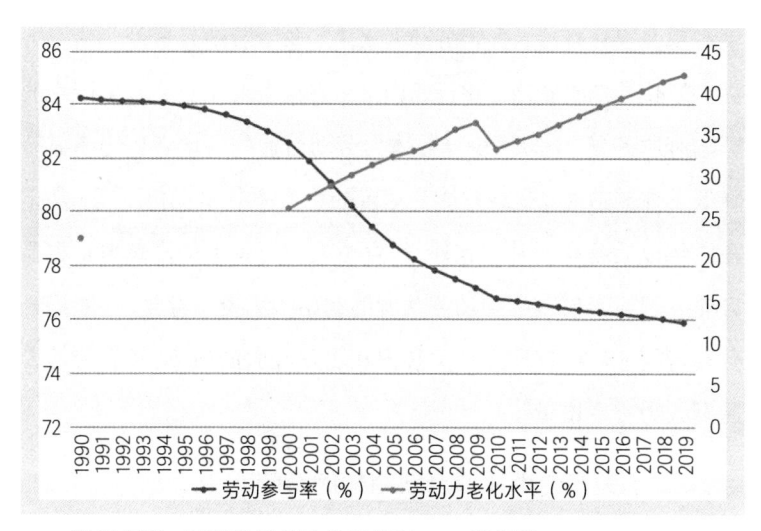

数据来源：国家统计局和世界银行 WDI 数据库。

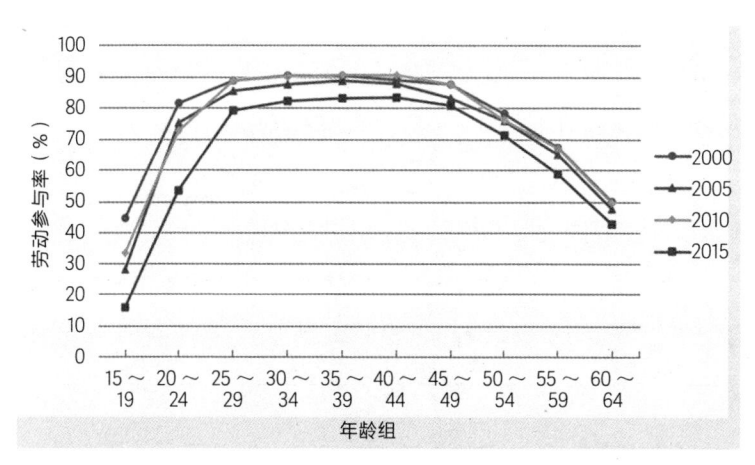

数据来源：第五次、第六次全国人口普查数据，2005 年、2015 年全国 1% 人口抽样调查数据。

生产率及上升幅度,青年劳动者次之,老年劳动者最低。另一方面,在不同的经济部门和行业内部,劳动力老化对劳动生产率的影响有所差异。年龄增长导致体力劳动行业的劳动者生产率显著降低。在制造业中,高技能劳动者的生产率基本保持不变,甚至在中年以后略有上升。此外,教育(人力资本)的影响也是重要方面。教育不仅能够增加劳动者的初始人力资本存量,还能提升劳动者就业后积累职业相关知识和实践经验的效率,扩大劳动者后期人力资本增量。

(二)劳动力老化对产业结构的影响

首先,三大产业内部年龄别劳动力比重变化显著,各产业劳动力均呈逐渐老化态势。第一产业中老年劳动力超70%,青年劳动力仅占约5.8%。在第二、第三产业中,具有劳动生产率优势的中年劳动力的比重均接近40%,仍处于产业人口红利期;劳动力老化趋势将在未来一段时间内不断增强。

	青年劳动力 (15~29岁)	中年劳动力 (30~44岁)	老年劳动力 (45~64岁)
第一产业	5.8%	21.7%	72.5%
第二产业	21.0%	39.0%	40.0%
第三产业	30.2%	37.9%	32.0%

数据来源:CFPS2018年数据。

其次,三大产业间劳动力年龄-产业双重结构尚未达到均衡,仍存在较大优化空间。

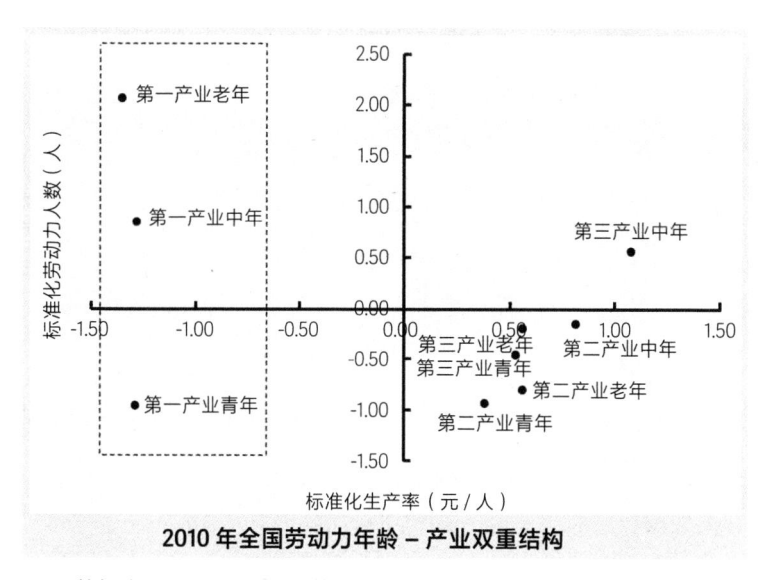

2010 年全国劳动力年龄 – 产业双重结构

数据来源：CFPS2010年数据。

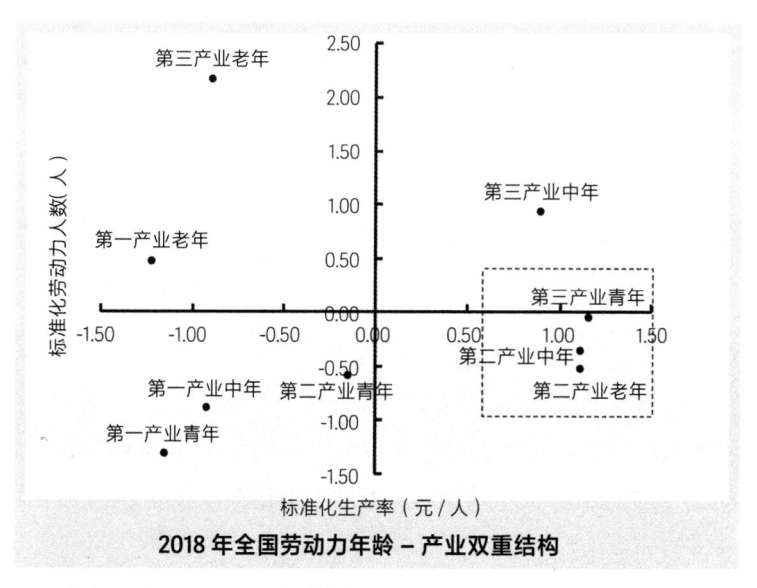

2018 年全国劳动力年龄 – 产业双重结构

数据来源：CFPS2018年数据。

再次，劳动力老化对产业结构调整升级产生直接抑制作用。青年劳动力比重与产业结构调整率存在显著正相关，即年轻化的劳动力结构更有利于产业结构的快速升级，老化的劳动力结构则会阻碍产业结构调整。一方面，老年劳动力因体力和智力生理性衰退，接受新鲜事物的能力和创新精神下降，在社会分工更加复杂、岗位职业不断革新的背景下较难适应产业结构的调整。另一方面，产业结构转型升级离不开劳动力资源充分的产业间流动，劳动力老化会显著降低劳动力流动水平。从成本角度看，年龄和工龄的增长会提高劳动者变换工作的成本，因此劳动者变换工作的概率将随着年龄和工龄的增长而降低。从流动迁移角度看，劳动者流动迁移的可能性和流动的距离同样会随着年龄的增长而降低。

（三）劳动力老化对出口结构的影响

20世纪90年代以来，我国劳动密集型产品出口发展迅速，成为出口贸易的国际比较和竞争优势所在。年轻型劳动力年龄结构是劳动密集型产业及其出口贸易比较优势的重要来源。一方面，随着我国劳动力供求状况的转变和劳动力老化程度的加深，过去依靠富余廉价劳动力、以劳动密集型产品出口为主的贸易模式发展速度放缓，我国出口贸易结构面临着巨大的转型压力。1990—2017年，我国劳动密集型行业出口占总贸易出口的比例从83%持续下降到不足50%，劳动力老化在这种变化中起着非常重要的作用。另一方面，逆全球化浪潮席卷全球，中美贸易摩擦加剧,国际经济贸易环境不确定性增长,更多企业将位于"微笑曲线"中部低利润环节的加工组装工厂从中国转移到海外,这进一步削弱了中国以劳动密集型产业产品参与国际分工的竞争优势。我国外贸出口增长率自2004年起开始呈现迅速下降趋势,由2004年的35%骤降至2012年的8%,此后一直低于10%,甚至在个别年份出现了负增长。

(四)劳动力老化对科技创新的影响

1. 国家层面

老年劳动力的增多会阻碍国家或地区科技创新的发展。一方面,劳动力年龄与全要素生产率(TFP)间存在"倒U形"关系,并且对TFP贡献最大的是40~49岁的劳动力。另一方面,劳动力年龄和以专利授权数衡量的科技创新水平同样呈"倒U形"关系,36岁左右是全国层面平均专利授权数量变化的拐点。

2. 企业层面

科技创新与劳动力年龄结构的关系显得更为复杂。首先,企业采用新技术的可能性、知识密集型/高科技企业的创立等都和劳动力的年龄结构高度相关。年轻型劳动力结构更利于创新型企业的发展。一方面,大龄劳动力占比的增大会降低企业采用新技术的概率。另一方面,地区的高科技企业数量与该地区20~29岁及40~49岁的劳动人口比例呈正相关。其次,年轻劳动力和大龄劳动力的人力资本具有互补性。一个具有复合型年龄结构(兼具青年和中年年龄段)的企业可能在科技创新上更具竞争力。

四、下一步积极应对中国劳动力老化的战略路径

第一,持续完善生育政策,优化劳动力年龄结构。彻底转变传统人口思维定式,全面放开生育政策、实行相关配套措施,降低人口年龄结构波动水平。

第二,重视人力资本积累,提升劳动力资源质量。建立覆盖全域全生命周期的教育体系,加强劳动者职业技能培训,扩大老年教育资源供给。

第三,破除劳动力流动壁垒,促进劳动力有序流动。扫清劳动力流动体制机制壁垒,鼓励和引导劳动力在区域、产业间有序流动。

第四,转变经济增长方式,积极引导产业结构优化调整。合理调整产业结构,转变出口发展方式。

第五,实施创新驱动发展,推动技术进步和科技创新。提高企业创新动力,积极推动产学研协同发展。

基于发展和实践的老龄社会再思考

马旗戟

盘古智库老龄社会研究院院长，
老龄社会30人论坛成员

中国人口的加速老龄化促进了中国老龄社会的涌现和发展，在这个进程中，我们不但要从学术理论上获得指引，从国外经验中得到参考，从市场和治理实践中发现创新，还要善于提炼和总结，对一些基本问题进行再思考，从认识角度加深对中国老龄社会的理解。本文简要谈五个方面的问题。

一、理解老龄化下代际关系的新特点

传统老人社会、经典年轻社会,以及现代老龄社会,在实践中构成了我们面向中国人口老龄化和老龄社会认识的三个不同的时代视角。关于当代中国老龄化代际关系或代际鸿沟,有许多社会学、人类学、文化学、人口学、市场学和公共管理学方面的深入研究,但其也有不同于以往的特点需要重视,主要包含三个方面。

第一,代际冲突轮转在加剧,部分是传统社会各代之间共同存在的,如生育与孝道、时尚与传统、独立与集体等,也有部分是新近由于社会与科技加速变迁带来的人际或家庭关系改变造成的,如对权威和服从的认同,对信息获取与掌握及性别关系与婚姻的态度。现代城市化和全球化带来的人口流动差异,则可能让价值观念和认识行为的代际区别进一步增大,更难取得彼此的认同。

第二,尽管整体上女性生育意愿降低,人口生育率下降,初生和初婚年龄提高,但由于医疗科技和社会保障带来的预期寿命大幅增加,从两代、三代同堂变成四代同堂的绝对数量会大幅增加。虽然核心家庭规模缩小,更多子女选择独立居住,但在一个拥有真实关系的大家庭中,代际数量和关系变得更加复杂,一个成员可能要处理与其他三代成员的不同认知、习惯和利益的问题,如祖父–父亲–儿女(我)–孙辈。

第三,与前者类似,长寿同时导致各代之间相处的年限大幅增加,例如,以前子与父相处四十年,与祖父共处十五年,而在现在及未来,随着预期寿命向着 80 岁、90 岁甚至 100 岁迈进,这一数字可能变成了六十年和三十年,这种多代共存的长期化同样可能增加家庭代际和社会摩擦的成本,且累计效应会随着时间逐渐成为一种阻碍彼此认同和接近的存在。

这三个特点都是在人口预期寿命大幅增加的背景下,人口老龄化代际关系产生的新的重要变化,它们对我们以后认识和处理老龄社会中的许多问题都是非常重要的。当然,同时也有着其他可能的利好因素,如老一辈学习能力提升、社会日渐开放宽容和亲代之间文化传承更加直接等,但我们依旧需要对从传统老人社会、经典年轻社会转向现代老龄社会的过程中的这些变化予以更加充分的认识研究。

在此,我们略微就少子化和老龄化的关系简单补充几句。

少子化和老龄化是两个彼此相关但各自独立的进程,我们必须清晰认识这一点。少子化指的是生育率下降导致的新生人口减少,老龄化则是指总人口中老龄人口水平提高。现实地讲,无论年轻人生不生,中国老龄群体绝对规模都将不可避免地急剧扩大,中国老龄化问题更主要的是绝对数量问题而非比例问题。此外,少子化不是问题,如何适应少子化才是问题。希望通过提高新生人口数量,以使劳动力人口和经济市场规模在未来保持稳定,从而提升国力,具有必要性与合理性,但不具有必然性。同时,无论采取何种生育激励措施,都很难实质性地大幅改变生育率，除非政策和措施强度可以诱发"生育套利"。事实是，无论少子化，还是老龄化，都将带来国民财富分配和公共支出结构的改变，改变的目的必须是更好地提供福利福祉，保障相关群体的权利和发展，而非只是调节人口规模和结构。

二、人口老龄化下人才红利的新思维

庞大的人口规模红利曾经是中国经济社会近几十年高速发展的基本保障和基础条件，随着低生育率和人口老龄化出现和加剧，对未来劳动力规模和抚养比等问题的各种担忧，促使经济管理者和学界、产业界把视线转向如何发挥平均教育程度越来越高，且规模巨大的老龄群体的作用上。在此背景下，人口老龄化人才红利的概念被提出，并得到广泛关注。这里我们不对"人口老龄化人才红利"的基本理论和操作性进行深入分析，仅就理解这个问题给出两点提示。

第一，人力资本红利，在现代经济社会语义下，主要指社会总人口普遍提升的受教育水平和素质提升增量（如人均受教育年限等），以及老龄群体所蕴藏的智力、知识或技能存量。但前者要看其总量的增速水平，简单地说，如果人口减半，即便受教育水平和素质提升一倍，社会知识资本总量也没有增加。后者则要看老龄群体中所留存智力、知识和技能存量的结构质量，如果都是六七十年代留存下来的知识和技能，则量大质低，必须进行更新，这又涉及先投入后产出的效益受益比较问题，虽然这个过程本身必然具有部分社会效益。

所以，这条路并没有说得那么简单，最起码，我们的社会培育机制需要做到终身学习产出率高于衰减速率、知识跃迁速率高于人口下降速率这两点。在现实中，我们正在推进全民教育体制的改变，倡导和鼓励终身学习、社会培训和老年教育等，特别是大力加强让具有自主自愿能力的新老龄人群通过知识和技能更新，提升经济社会参与意识和能力，但这一过程必然是长期的，目前还无法凸现效果，而从科技与知识进步速度的长远影响看，这一措施的实际效果需要审慎考量。

第二，人力（劳动力）时间红利，这是劳动力本义，也就是在保障基本权利和生活的前提下，人可以投入多少时间从事社会生产活动或创造性活动。关于这个方面，有大量的研究和实践，也有许多专家提出，如果中国3亿～4亿老人中有一半有活力的低龄老人从事积极的社会参与，那将是巨大的人力存量。这个计算本身当然是对的，但它依旧受到两个因素的影响和约束。第一个是老龄群体的意愿性，第二个是机会的公平竞争和生产活动的价值分配。换言之，即便我们愿意且开放、包容和积极地创造出老龄群体的社会参与机会，也不代表这些参与具有生产意义或经济价值，事实上，这也是人类的生产生活划分和融合的基本观念及其关系发生巨变导致的。

仅仅有效激发老龄群体的人力（时间）并不是完整概念上的红利，它必须能实现有利于整个社会经济文化的总产出和总福祉提升。从人口红利到人才红利，从老龄人口机会到老龄人口红利，当然是大趋势，但要做好，还需要带着全局和长远的眼光去探索。

三、老龄化对建立韧性社会提出的挑战需要积极应对

中国人口老龄化的根本原因是人口预期寿命大幅提升，从这一视角来看，它是中国的社会制度、经济发展、公共服务和社会保障建设的良好结果，也是中国国民的巨大福祉，这是值得自豪的。当然，老龄化的确带来许多压力，如传统的劳动力人口减少、养老金需求激增、医疗卫生保障需求激增、抚养比增加等，对社会体系和运行提出了不小的挑战。如何客观、准确地关注和应对这些挑战，不仅涉及国民幸福感、获得感和安全感，也对我们正在努力建设的韧性社会具有重大意义。

这些挑战包括方方面面，我们在此仅提出一些最典型和最具风险的挑战。

第一，由于老人心理与生理条件限制，社会照护关怀不足或生活困难、病痛加剧，产生厌世、绝望、自残、自杀等消极想法，进行主动违法犯罪或挑起群体冲突等存在潜在的长期增加的可能，类似状况在一些已经进入深度老龄化的国家时有发生。

第二，无论基于何种原因，如果出现或长期存在老龄群体的民生保障不充分、不均衡，就可能会积累风险，容易在某些特定

环境下出现较大风波，造成群体或阶层间出现冲突，如果其负面结果及附带效应扩散，就会对社会管理、社区稳定构成一定的威胁。

第三，当下数字经济和数字生活的社会治理、监管和服务体系正在建设过程中，尚未得到充分完善，加上老龄人口这一特殊群体的科技素养、认知能力、防范意识、权益维护相对偏弱，学习能力和主动参与意愿不强，因此，容易受到数字化伤害。

第四，随着老龄化加剧，老龄人口规模急速增大，老龄的健康备受关注，老年病、慢性病及特定病症的发病患者规模存在快速增加的预期压力，各种积累效应长期叠加，如果我们的医疗、卫生、健康服务等各种体系建设和资源跟不上，就的确存在风险压力。

这些只是从老龄群体自身特点角度看老龄化存在的问题，类似的问题还有许多。从整体看，这当然是中国社会形态从年轻社会走向老龄社会过程中新出现也必然会出现的挑战，因此将未来老龄社会风险置于韧性社会和社会安全视角下进行研究和评估，并找出对策和路径，是非常急迫和重要的工作。

四、人口老龄化与经济发展关系的新视角

即便不谈发达国家人口老龄化对经济可持续发展的各种消极影响，伴随着中国人口老龄化在过去 20 年里的加速发展，社会公众结合自己对经济变化和生活变化的切身感受，有时候会错

误地把经济增长减速及其他压力简单归因于人口老龄化这一重大变化，或者扩大人口老龄化对经济发展的消极影响，这当然是偏颇的，需要重新认识。

首先，中国人口老龄化与整体经济发展状况之间的关系，至少要在三个方面进行必要的区分辨别，即要把人口老龄化带来的经济趋势和结构变动、经济运行自身特有的周期变动、特定的国家（政府）目标政策导致的变动三者之间的关系和各自的影响加以区分，因为它们在对经济社会作用和影响方面的差异是巨大的，中国老龄化（老龄社会）进程之所以格外独特，与三者的同期发生有很大关系。

其次，要将少子化与老龄化、中国人口与劳动力潜在供给、加快科技创新和劳动生产率提升三者的关系和彼此的影响搞清楚。它们并非单向因果关系，而是有着很强的自反和自证性质。特别是，通过科技创新与产业转化推动生产力进步和生产关系改变，进而推动全要素生产率提升和劳动力替代效应，社会对少子化与老龄化的适应度会获得提升，负面影响会降低至尽可能低的水平。

再次，在投资/消费乃至出口中，我们要把政府因老龄化而减少某些公共投资并增加社会保障投入、公众因老龄化不良预期而减少消费并增加储蓄、企业因老龄化带来的国内市场需求停滞或下降而减少内部市场投资和销售并努力寻求外部市场以增加出口这三者区分开。它们的确会同时发生，而且三者之间的复杂互动又常常受到中国长期或阶段性政策（产业、就业、分配等）

的影响。从相对长期看,深度的人口老龄化的确会让经济中的消费与投资增长势头减弱,同时会加强出口,但这不是一个简单的非此即彼的关系。

类似需要区分的方面还有很多,例如,在改善老龄财富、改善生育率等方面。总体上可归结为一句话,如果说经济的科技数字化是中国经济社会的变色创作,那么人口老龄化或许是中国未来数十年的底色调节,它需要我们认真分析研究,找出老龄化在经济高质量发展框架下的作用机理。

五、老龄化投资升级需要寻找新着眼点

未来数十年,人类可能会面临若干自然与社会变化导致的"人口大迁移",这些迁移不只是传统生产与生活意义上的(如父母随子女进城),也是文明竞争和跃迁意义上的,如跨国迁移、城乡/逆城乡迁移、产业(岗位)迁移、气候恶劣迁移、资源枯竭迁移、数字智能迁移、虚拟空间迁移、地外/太空迁移、健康迁移……简单描述就是,人口的结构、分布和趋势将发生颠覆性变化。在这种大背景下,还有一种现象就是年龄迁移,或者叫长龄迁移,它指的是人类生存群体的(平均/中位数)年龄,整体地从年轻迁移到中年再迁移到老年,这就是我们说的人口老龄化。传统迁移是人在同一时间、不同空间下的变化,而年龄迁移则大体是对人在同一空间、不同时间下的观察。

截至目前，在老龄产业、银发经济或老龄化社会转型的经济话题讨论和研究中，绝大多数设计、投入，是针对老龄化所涉及的目标老龄群体而展开的。无论康养地产、智慧老龄、老年教育，还是养老金融和社区与家庭适老化等，可计算和评估的都是此类设计和投入所需的或所带来的资金。与绿色低碳目标战略的既往路径有些相似，即围绕着核心生产与供给的企业与行动展开，在老龄投资中也较多地关注了如何满足老龄积极健康目标需求的研发、生产、建设、销售和服务，这是非常必要的。

但是，还有一类投资（从某种程度上讲），可能需要的规模更大，涉及产业更广，建设周期更长，而对老龄迁移的老龄社会影响更深，它就是让那些貌似与满足老龄群体直接需求无关的产业、企业、社会组织乃至政府部门完成社会整体"老龄化迁移"所需要的投资，即转型（老龄）投资。它需要我们研究哪些产业、企业、机构部门需要优先转型，哪些生产与服务、过程与流程、组织与运营需要转型，它们的步骤、行动、目标是什么。特别是，该如何为这些短期可能无效益，也因此会部分市场失灵的转型筹措转型资金，给出转型路线图、方案目录和融资投资鼓励政策等。

举个例子，如何鼓励一个生物创新药企业进行更大数量的老龄医疗健康药物研制并投入更巨额的资金，这是我们常见的应对老龄化的产业投资或市场创新。与此对应，一个服务于城市居民的大型连锁超市集团愿意改善它的运作和管理，改变它多年成熟的仓储、搬运、测验等标准，改变它多年实行的招聘、培训、上岗等规范，改变它多年有效的薪金、考核、劳保等机制，来从以中青年员工为主向以老中青甚至中老年员工为主的结构转型。这涉及的可能不只表面这点东西，而是模式、组织流程再造，实际上需要另一种巨大的投资。老龄化带来的大转型必须考虑这个目前被忽视的第二类"转型投资"，它不仅巨大、海量，而且是老龄经济社会得以有效形成和可持续的真正关键。可以这样理解，后面这种转型投资所推动的结果是老龄社会得以最终转型成功和完善的关键。

这里需要补充一些看法，那就是在经济增长减速和进一步完成优化调整的周期内，社会活动创新模式及投资会有什么特点？我们过去对在经济高速增长、投资前景看好、市场预期充分、主体信心强烈、环境友好包容的环境下社会如何创新与投资的模式、策略和路径有较为充分的实践、研究和认识。但目前的经济形势和目标有一些新的特点，需要我们在抱有长远信心的同时，对现实的中长期投资与创新特点有清醒认识和客观把握。

老龄产业和银发经济领域部分机构或专家在谈及下一步目标和建设时，依旧循着前些年的思维，立意很高，魄力很大，气势很盛，但对新的积极形势和周期下老龄领域创新与投资的真正动力、约束、效应、收益等的巨大变化和新特点重视不够，研究不够，这是不行的，它既可能造成设想和规划偏离既有实际状况，也可能误导政策制定/市场主体行为。因此，如何谨慎且克制地依照现实能力重新设定阶段性目标，把握合理节奏，取得平衡，是极为重要的，这些都必须建立在对社会创新和投资活动的新认识之上。

迎接中国积极老龄时代

王振耀
北京师范大学中国公益研究院院长

与其他人口老龄化程度较高的国家不同,中国进入了一个不一样的老龄社会,主要体现在人数多,做家务、务农耕,养孙辈,勤学习,善创造等方面。

人数多。中国是老龄人口大国,第七次全国人口普查数据显示,截至 2020 年 11 月,我国 60 岁及以上人口约 2.64 亿人。从退休角度看,我国女性工人退休年龄为 50 岁,女性干部退休年龄为 55 岁,以往计算的老龄人口数量中其实并未包括 50～60 岁这一年龄段的女性。因此,中国实际退休人口已经超过 3 亿人。从统计年龄看,截至 2020 年 11 月,60 岁及以上人口约 2.64

亿人，其中，60～64岁低龄老年人口约0.68亿人，预计2026年将突破1亿人，2035年将达到约1.06亿人。但是，80岁及以上的高龄老人更需要重点关注。我在推进高龄津贴制度时发现，某些地方推行"百岁老人"津贴。事实上，"百岁老人"人数较少，并不具有制度性，而80岁及以上的高龄老人在2009年时已经达到1800万人，2020年为3570万人，数量增加了近一倍，可以说面向80岁及以上人口的高龄津贴更具有制度性。

做家务、务农耕。中国老年人口具有两个特性，一是回到家中要重新学习做家务，特别是男性，退休后会发现洗菜、做饭等日常家务比批改文件更具有挑战性，虽然从退休前的拿笔变成了拿菜刀，但大部分人热情依旧，老龄社会的活跃最先体现在家务上。二是农村老人持续参与农业生产，我们常常忽略中国的老龄人口中有超半数的老人根本没有退休，这主要体现在农村老人身上。农村老人在60岁后能够领取养老补贴，但是之后仍然从事着农耕劳务以及其他各类工作。因此，谈到老龄负担时，不能忽略的就是数量巨大的农村老人并未退休这一情况。

养孙辈。我在以往的研究中发现，94%以上的中国老年人口在不同程度地参与养育孙辈的工作。与西方世界截然不同，这是中国老人独有的一种家庭教育的特殊社会功能，而且不同级别、不同文化程度的老人，在养育孙辈面前能平等交流。

勤学习。新一代老人学习能力极强，体现在两个方面，一是老年大学供不应求，这在国外是很难想象的；二是多种形式的老年回忆录的生产。不断提升学习能力在目前已相当普遍。

善创造。说到老人,两位中国"老头"让世界震惊,一位是任正非,70多岁仍在创业,并发挥着引领作用;另一位是曹德旺,不仅在慈善界很有名,其创业的成功更赢得了许多人的尊重。更不用说各领域的老科学家、老院士们了,七八十岁高龄仍然在指导很多项目,用多种形式进行着传承。

总之,中国的老龄社会比较独特,表现出活跃、积极、现实的老龄社会特点。并且,中国老人正在开辟中华民族或世界人类史上的一段特殊时代。

一、中华文明决定了中国老龄社会的积极性

中国老龄社会的独特性是由中华文明决定的,主要聚焦于"家国情怀"与"孝亲伦理"。我从以往所进行的慈善工作中发现,中国的事、人、思维方式与西方存在较大差异。我们应该坦诚地承认东西方在认知理念和价值观上的不同。

认知理念的不同。中国认知理念大体上是个太极阴阳图,阴阳没有绝对的对和错,而是互相转化,虽存在对立,但又是同根的。这种认知理念与西方"正义和邪恶泾渭分明,正义必将战胜邪恶"的认知,具有明显差异,并且已经渗透到了中国人的生活,甚至生命中。它会影响老人,也会影响社会对很多问题的看法。

政府观不同。主要体现在政府观的对立上,中国文化对政府

的认识是政府乃必要之善。一方面,中国人普遍认为有功德和有能力者才能胜任官员,这体现在科举与考核制度方面。另一方面,士大夫的价值观认为不当官也需读书,先天下之忧而忧,后天下之乐而乐。这两方面对政府的要求都渗透着一条根,都属于中华文明,都希望政府是必要的善。西方对政府的认识是政府乃必要的恶,种族内部人人平等,外部则多重限制。曾经出任美国总统的里根说:"政府并不能解决我们的问题,政府本身就是问题。"

经济价值不同。体现为民生主义与自由主义的不同、共享与马太效应的不同。中国的理念是"天下为公""民生主义""民生为本",信奉人民至上、生命至上,拥有共享观。而美国等西方国家,其核心理念是私有财产神圣不可侵犯,简而言之,就是"天下为私",与中国的"天下为公"形成鲜明对比。西方信奉自由主义、个人至上主义。但是,中西方理念差异较大,"天下为公"绝不可能变为"天下为私",因此,逐渐产生了共享、共同富裕等理念。

生活方式不同。对于中国人来说,饮食是重要方面。中国人并非把饭菜单纯地视为食物,而是认为药食同源。《本草纲目》中记载着各类食物的药性,粮食、蔬菜、水果等均有不同的药性。这是中华文化的重要组成部分,也造就了中国老人不同于其他国家老人的生活体验、生活方式。

社会伦理区别。主要体现在孝与爱上。在中国人的常识中,百善孝为先和家国情怀都具有重要位置。而西方的理念更注重个人权利,以及对财富的追逐。

传承价值区别。主要体现在耕读传家与财富传家上。中国老人特别是农民并不认为自己老后不能工作,他们以耕读传家,不劳动的懒汉是不能被社会接受的。而西方的理念推崇财富传家,特别是以英国为代表的文化体系。

上述差异其实在老人身上能够得到非常重要的体现,中国老人是中国社会价值的重要体现者。西塞罗在《论老年》中说道:"有思想、有理性、能做到深谋远虑的正是那些老人。没有老人,国家就完全不可能存在。"这句话恰到好处地反映了中国的情况。年轻人固然重要,但是老人在中国是社会价值的重要体现者和承载者,"天下为公"与"百善孝为先"这两大伦理对中国老人的影响更为普遍。

二、几代人的奉献铸造了新的民族精神

中国的积极老龄社会具有特殊性,主要是几代人经过改革开放铸造了一种新的民族精神。现在的老年人,无论是60岁,还是90岁、100岁,过去几十年都为国家的经济社会发展作出了重要贡献,重塑了民族精神。

耀眼的"新三届"。77、78、79届大学生的经历特殊,他们像坐过山车一样,在不同时期,不停地否定自己,不停地接受新事物,练就变通、创新的本领。在改革开放以来的几十年间,

他们积累了丰富的政治、经济、文化等多方面的经验。因此，积极老龄社会并不是抽象的，而是有实践支撑的。

新型农民：农村改革的主体。我在黄宗智先生的书中看到，中国农民走出了一条具有特色的、没有资本化的现代化农业之路。中国有个隐性的"农业革命"，产生了小农经济体，促成了非正规就业。非正规就业在全世界占比很小，而中国非正规就业人群占就业人群的70%，极高时能占到80%，农民正在用他们的实践开辟中国社会发展的道路。中国的农民一开始就是改革的主体。中国的食品结构能够赶上日本等国家的水平，是因为数量巨大的农民在持续进行着创造。因此，可以说老龄人群是善于奉献、创造的一代人，他们用静悄悄的行动来塑造我们这个民族，改善我们的社会。

"五老"的智慧。"五老"是指老干部、老战士、老专家、老教师、老模范。他们组成了一支专兼结合、素质较高、覆盖面广的未成年人思想道德建设队伍，是培养、教育未成年人的重要资源。"五老"本身既是老年人，更是智慧的传承者。

老一辈企业家。以任正非、曹德旺为代表的企业家，以牛根生为代表的慈善家,通过创业或创办基金会来奉献社会。他们的创新精神，包括其家风、家教等，都是很好的传承。老一辈企业家兢兢业业，始终在思考这个国家和民族的前途。

总之，改革开放至今，中国是一个十分有活力的积极老龄实体，既是改革开放创造中华民族精神的实体，也在各个领域开辟着一个新的老龄社会，这个老龄社会从城市到农村，生机勃勃地做着各种各样的思考与探索。

三、高质量发展阶段需要老一代的善行者

高质量发展阶段"善经济"的重要内涵。老一代的善行者，既是生产者，也是消费者。老年人是"善经济"发展的骨干力量。高质量发展阶段，需要找到一个经济向善的契合点。美国提出"慈善资本主义"，卢先生提出"资本精神"，结合中国文化，我认为用"善经济"可能更为合适。"善经济"有三个内涵，一是人均 GDP 达到 1 万美元，生产力高度发达，目前中国已经实现。二是商业向善，社会价值深度引领经济价值，经济全面向善，包括科技向善、金融向善等。三是社会经济全面发展，需要社会价值的系统弘扬。生活类服务业这时候需要社会价值的系统弘扬，要驾驭当前的社会经济，没有高度的社会伦理、社会价值是不行的。

高质量发展需要庞大的社会服务队伍。中国 3 亿多老年人早就静悄悄地承担起家庭服务的重任，客观上中国拥有世界上最庞大的家庭服务队伍。他们照顾家庭，抚育孙辈，白天晚上都不能缺位。

高质量发展需要坚实的经济支持。老年人的积蓄与财富保证了子女基本的生活条件。老年人承担着稳定就业等方面的功能，发挥着社会稳定器的重要作用。

高质量发展需要有品位的新兴产业。老年人对旅游的特别热爱促成了旅游产业的日益发达,也由此创造了旅游业的经济贡献和就业需求。

社会价值的日益发达需要特殊的生产者。社会价值需要生产发展,需要结合实践,还需要与高科技结合。而这种价值特别需要老年人的智慧、阅历与闲暇时间。

老年人是大健康产业的消费对象,中草药、体育锻炼等话题被讨论得最多,包括各类设施的安放和中餐烹饪水平的提升。视频平台中老年人传授做菜知识的内容往往能引起关注。其实这也类似于社会大学,因为有闲暇时间,大家开始改善生活,这是高质量发展的生动体现,是积极老龄社会的又一个侧面。

老年人是养老护理与服务的主体。目前,4000万名以上的失能与半失能老人需要各类护理服务,需要社区服务与社会治理水平的提高,也催生了各种产业需求。

四、需要被重新定义的中国老龄社会

从老年人的主动奉献,到旅游等生活体验,再到被需要,老年人能够促成中国高质量发展阶段诸多方面的发展。因此,必须认识到老年人并非包袱,而是中国高质量发展的重要参与者、建设者,也是推动高质量发展的巨大动力。因此,老龄社会的定义或许需要重新书写。中国社会隐藏着一座积极老龄的金山,有待我们发现、定义、开发,对此我们需要积极调整公共政策、社会行为等。

迎接老龄社会的负面意识。目前,迎接老龄社会的负面意识较强,把老年人当作包袱的思想仍然存在,认为老年人退休后就失去了价值的观点仍很普遍。中国与西方不同,老年人在退休后照顾孙辈是重要的价值体现,因此需要纠正负面认知。

古稀之年的提升改变人类的老年节律。曾经人们说"人生七十古来稀",前些年我们说"人生八十不稀缺""人生九十古来稀",现在的新口号则是"享寿百年,人生百岁古来稀"。可以说古稀之年提升了三个等级,老年节律已发生改变,这是现实。

退休后生命延长了近30年。按照现在的退休制度,从60岁到90岁,生命延长了30年。工作生涯多则40年,少则30年,而退休后还有30年的生活,事实上又形成了一个新的工作周期。

需要发现身边存在的"积极老龄社会"。首先需要改变理论,下力气奠定新的理念与概念出现的基础。在现在的社会中,针对老龄化积极的思想和行动很多,但并未得到足够的重视,还需要我们去发现,去认识。

需要理论和实践结合的创新。积极老龄化的战略不仅需要老年人进一步充实,也需要重新认识"增加"的这30年黄金期,同时还需要全社会对"增加"的这30年进行相应的调整。调整包括老年人的个体认知与社会政策两个方面,最终需要一场大的思想解放运动,转变认为老年人"弱势"的观点。

五、建立积极老龄社会支持系统

建设有中国特色的积极老龄社会支持体系。需探索建立政策支持体系，公益慈善需要探索建立典范案例。一方面是正确看待生命，另一方面是社会需要广泛地为老年人创业提供便利，特别是应该支持和奖励促进年轻人就业的老年人创业企业。另外，要借鉴疫情的经验，提升老年社会服务质量，可将扫码技术与物业、社区相结合，并应用到社区与家庭的技术服务体系中。

鼓励老年人发展咨询业。老年人的经验、知识与技能方面的"财富"需要开发，老年人提供咨询服务需得到鼓励。

鼓励老年人参与公益活动。公益活动是弘扬社会价值最为有益的途径，为老年人参与公益活动提供多种多样的平台。管理固然重要，但服务更重要。从目前来看，服务方面和参与公益慈善方面都很弱。

鼓励乡贤回乡。乡贤是促进城乡融合、均质发展的有效途径。中华文明能够延续至今，重要的原因之一就是中国传统文化中的告老还乡、落叶归根等思想。这种思想一定程度上保证了古代城乡的均衡发展。

促进养老服务业的发展。需将目前的防疫经验和技术广泛应用到城乡社区养老服务业中，促进社区服务业和物业的密切配合。疫情背景下，大多数老年人学会了使用智能手机，提升了自身信息化水平，或许可以此为契机推动养老服务业发展。

五社联动，养老服务优先。五社联动是以社区为平台、社会工作者为支撑、社区社会组织为载体、社区志愿者为辅助、社区公益慈善资源为补充的新型社区治理机制。老年人拥有智慧，但需要用科技手段激发其参与服务的积极性，同时结合公益活动，优先聚焦养老服务领域。还需要突出一个重点，即首先在养老服务方面取得突破，建立多种形式的养老服务联合体。

六、生命再升华，制订 30 年奉献计划

响应中央号召，为中华文明复兴贡献智慧。现在的老年人有着战争、革命与建设的多重智慧，就目前而言，这样一个多层面的、有丰富经验的老年群体对中华民族伟大复兴有着更深刻的理解和体验，这个群体是中华民族的宝贵财富。但是，个体对自己的伟大估计不足，因此需要重新系统学习，重新读书与思考，制订新的学习与研究计划，主动开发咨询业务。

不耻下问，学习家务与抚育孙辈的知识。老年生活的新一页全面打开后，老年人需要开始学习新的生活技能。一些社区遵循社区活动中不说年龄、不说收入、不说级别的"三不"原则，为老年人平等交流打下基础。老年人抚育孙辈责任重大，要知溺爱害人，因此需要深度学习与对话。此外，还需加强信息技术知识的学习，建立支持个体学习的系统。

融入社区，参与社会共创的新生态。目前，大量城市社区需

要被激活,城市社区生活条件相比农村有一定优势,但是人际关系与农村相比却差得多,邻里互不相识成为城市社区面临的重要课题之一。另外,社区公益活动是激活社区公共生活的有效途径,需建立多种形式的社区功能性活动组织,并与慈善项目相结合。

积极探索,理论和实践结合。高质量发展阶段是社会生活的巨大创新期。事实上,面对高质量发展阶段的需要,有时候年轻人无法满足,而老年人有条件根据自身的需求进行多方面的研发,在社会服务与有关专业方面大显身手。

目前,中国人口福利基金会已经开展了积极老龄化的课题,计划招募100个人为实验对象,目的在于观察是否能够创造一个积极老龄社会,迎接中国积极老龄时代的到来。这个时代是老年人自己创造的,也为年轻人开辟出了社会建设广阔的新领域。

树立积极老龄观、健康老龄化理念

吴玉韶
复旦大学老龄研究院副院长、教授，
老龄社会30人论坛成员

2021年重阳节前，习近平总书记对老龄工作作出重要指示，强调"把积极老龄观、健康老龄化理念融入经济社会发展全过程"。积极老龄观和健康老龄化理念被提升到了新的高度。此后，全国老龄工作会议、《中共中央、国务院关于加强新时代老龄工作的意见》以及《"十四五"国家老龄事业发展和养老服务体系规划》（简称"十四五"老龄规划），都将这一理念贯穿顶层设计的始终。特别是"十四五"老龄规划中专门加入了践行积极老龄观的章节，可以说是新中国成立以来老龄相关顶层设计的里程碑，对未来我国老龄事业和老龄产业的发展具有重大推动作用。

一、如何认识积极老龄观、健康老龄化理念

(一) 老龄理念重要性及认识误区

1. 老龄理念的重要性

2000年,中国正式进入老龄社会,到2021年年底,中国60岁及以上人口已达到2.67亿人,占总人口的约18.9%,65岁及以上人口占比超过14.2%。按国际社会对老龄社会的划分标准,中国已经进入中度老龄社会。联合国《世界人口展望2022》公布的中方案数据显示,2035年我国65岁及以上人口规模约为3.16亿人,约占总人口的22.5%。而到21世纪中叶,这一占比将达到30.1%。

中国人口老龄化的重要特点一是规模大,二是速度快。与西方发达国家相比,特别是与1865年就已经进入老龄社会的法国相比,中国面临的重大挑战之一是整个社会适应老龄化体系的时间较短。

2. 认识误区

(1) 老龄观与老龄理念

老龄观是对人口老龄化及其影响和应对的综合认识,涉及国家、社会和个人三个层面。老龄观的形成和变化受到理念的指导和影响。理念是行动的动力和依据,也是老龄政策和实践的根本。中国提出了创新、协调、绿色、开放、共享的新发展理念,也需要建立新的老龄理念,将老龄工作融入经济社会发

展的全过程各方面。

中国已经进入老龄社会,但社会对老龄化的认知还不够深入,还存在一些误区和偏见。老龄观和老龄理念的转变需要社会建构的推动。社会建构老龄化是指社会制度和文化思想对老龄化的影响和塑造,包括退休制度、老年标准和老年人刻板印象等。约瑟夫·库格林在《更好的老年》一书中提到,"我们当前的老年观并非固有,而是由社会制度和医疗实践在一个世纪以来建构而成的。它影响人们度过自己老年期的方式,也影响他人看待老年人的方式"。因此,对于推动老龄观、老龄理念的转变,社会建构的作用是极其重要的。

社会建构老龄化是双层建构,一方面是实质老化,长寿、少子化等因素带来的人口老龄化正影响着社会、个人的诸多方面;另一方面是建构老化,这种建构体现在退休制度、老年标准上,也可以说是老年人的标准年龄是多少和刻板印象(指全社会对老年人形成的刻板印象)上。对于实质老化,我们需要寄希望于科技的进步,实现未来预期寿命的延长,但对于建构老化,我们则需要树立积极老龄观。

(2)面对老龄社会的四个认知误区

误区一,把老龄化问题窄化为老年人问题或养老问题。人口老龄化问题本质上是经济社会发展问题,涉及诸多方面,并不是仅与老年人相关的问题,更不应局限在养老问题上。

误区二,把应对老龄化看成部门工作或业务工作。事实并非如此,就像习近平总书记讲的,要"把积极老龄观、健康老龄化理念融入经济社会发展全过程"。应对人口老龄化是不同行业、不同部门的共同事业,人口老龄化已经成为我国的基本国情,因此不能将其视为单一部门的工作。

误区三,把老年人视为被照顾对象、负担和包袱。虽然老年人,特别是高龄甚至患病的老人需要照顾,但是这一群体相对较少,整体来看老年人并非负担和包袱。

误区四,把健康等同于医疗,把正常衰老、衰弱等同于疾病。对此,全社会需要接受积极老龄观、健康老龄化的教育。

(3) 公众认知误区

误区一,家庭养老过时了。事实上,家庭养老仍是主流,居家养老新概念是家庭养老+社会保障和服务,养老机构的作用有限,不要对其期望过高。

误区二,养老很困难。事实上,养老的难点在于对老年人的需求了解不足,进而导致提供的服务或产品不符合老年人的实际需求,特别是智慧养老领域,需要通过产品和服务试出来,而不是通过调查或问卷得出。

误区三,养老只是老年人的事。事实上,老龄社会是全新的社会形态,需要从老龄社会治理的高度,统筹考虑老年群体与其他群体的共处,统筹考虑政策措施、资源环境的共建共治共享,要将老年宜居扩大到全龄宜居,打造"社区养老生活共同体"。

(4) 理念滞后的原因

首先,认知较新。虽然人口老龄化和养老问题在中国出现已经有20余年了,但它们仍是新生事物,原因在于人们对它们的研究仍多数停留在社会少数人群中。

其次，研究未备。宣传、普及、说明等均需要以研究为基础。因为理念需要人或机构去推广，只有研究彻底了，才能推广明白，研究不透彻，推广一定是不完善的。

最后，宣传不足。宣传力度不足，并且存在误导性宣传，给全社会造成了养老焦虑。

（二）从消极老龄观到积极老龄观

1. 从消极老龄观到积极老龄观

国际社会应对老龄化的理念有三个主要方面。一是健康老龄化理念，强调老年人的身体和精神健康。二是联合国老年人原则，强调老年人享有基本权利和社会保障。三是积极老龄观，鼓励老年人积极参与社会生活，利用自身的经验和智慧，为社会作出贡献，实现老年人的自我追求和社会参与。

从消极老龄观到积极老龄观的转变，得益于老年学研究的视角的变化。最初，老年学研究主要集中在医学领域，从生物学和医学角度看，人体机能随着年龄增长会自然退化，这被认为是不可干预的自然规律。然而，随着社会学、心理学、管理学等社会科学的介入，老年学研究的视角发生了变化。特别是积极心理学的出现，推动了积极老龄观的形成。

传统的老龄观认为老龄化是人体和心理必然的衰退过程，然而，积极老龄观的出现改变了这种观点。积极老龄观强调老年人的能力和机会，鼓励他们积极参与社会活动，发挥自身的潜力。

这种观点认为老年人可以继续学习、发展和作出贡献，促进老年人的积极老龄化。这种转变有助于改变社会对老年人的态度，促进老年人的全面发展和社会参与。

2. 积极老龄观的历史溯源与发展

古罗马的西塞罗在《论老年》中提出的人类对待老年人和老年人对待自身的态度至今仍具有积极意义。中国传统文化中也有很多表述积极老龄观的例子，其中最有名的是曹操的《龟虽寿》，其中的"老骥伏枥，志在千里；烈士暮年，壮心不已"就代表了一种积极老龄观。

20 世纪五六十年代，比利时国际老年学学会的成立可以被视为现代社会对于积极老龄观的研究的起点。1987 年，《科学》（*Science*）杂志发表了题为《人类老龄化：普遍而成功》的论文，论文提出，"人类正在经历的老龄化是一种社会发展的必然历程，应当被看作人类社会文明、进步与成功的重要标志"。随后，国际社会相继以成功老龄化、健康老龄化、生产性老龄化及积极老龄化的理念来认识与理解人口老龄化。其中，积极老龄化和健康老龄化被世界各国广泛接受。

1997 年，西方七国首脑会议首次将人口老龄化作为最主要的国际问题进行讨论，"积极老龄化"作为政策主张首次被纳入经济社会发展总体战略的讨论范畴，由此开启了以积极老龄观倡导国际行动的先河。2002 年，联合国第二次老龄问题世界大会以"参与""保障"和"健康"为积极老龄化的三大支柱，进一步强化了积极老龄观的全球共识，并在《马德里宣言》和《老龄问题国际行动计划》中制定了相应的行动方案。2015年,世界卫生组织发布了《关于老龄化与健康的全球报告》,从"贡献""功能发展""多样化"等优势视角与价值理念再度拓展与丰富了积极老龄观的主旨和内涵。

(三)积极老龄观的主要内容

第一,积极看待老龄化和老龄社会。要认识到老龄化是社会发展的必然趋势和成果,它不是"洪水猛兽",而是新的发展机遇和挑战。要将其上升至国家战略的高度,将老龄化之危转化为老龄化之机。

第二,积极应对人口老龄化。理解人口老龄化的历史阶段和特点,全方位积极应对。

第三,积极看待老年期和老年人生活。尊重老年人的个人价值选择,把老年人当作社会的宝贵财富、重要资源、重要依靠力量,把老年期当作个人生命中仍然可以有作为、有进步、有快乐的重要人生阶段。

第四,积极扩大老年人社会参与。把"参与"作为积极老龄观的核心内容,开发老年人力资源,真正使老年人从"负担"变为资源,增加社会支持和服务。

(四)健康老龄化的主要内容

健康老龄化是指老年人保持和提高功能发挥的过程,不仅关注老年人的生理和心理健康,也关注老年群体和人文环境的健康。健康老龄化是世界卫生组织提出的理念,强调功能比年龄更重要，体现了积极老龄观的精神。健康老龄化不是指没有疾病，而是指维持老年人的生活质量和社会参与。

中国将健康老龄化作为国家战略，是全球唯一专门制定并实施健康老龄化规划的国家。中国认为健康老龄化是应对人口老龄化的低成本战略选择，对健康老龄化的认知是全方位的，具体体现在"四全"健康老龄化上，即全生命周期健康、全过程健康、全方位健康和全面健康素养。这些健康老龄化的内容和措施既关注老年人的个体健康，也关注老年群体和社会环境的健康，体现了健康老龄化的理念和实践的进步。

二、如何树立积极老龄观、健康老龄化理念

（一）社会建构对个体的深刻影响

社会建构的主要依据是老年人的社会角色，不仅涉及理念问题，对行为也有着深刻影响。退休制度是一种最主要的制度性构建，例如，有的人在退休第二天感到无所事事，马上就觉得自己老了。正如日本作家村上春树所说："人不是慢慢变老的，而是一瞬间变老的。"这就是社会建构对个人观念和行为的影响。

社会建构的老龄观特别体现在社会对老年人的刻板印象上。一是未老被老，很多情况下个人并未感觉自己已步入老年，但被社会归入了老年人行列。二是未老服老，个体本身并没有实质老

化，但在环境影响下只能接受自己变老了。目前，实质老化无法改变，但建构老化是可以改变的。开展人口老龄化国情教育、树立积极老龄观和健康老龄化理念就是行之有效的方法。

（二）正确认识老年期和养老

老年期是人生命历程中的一个重要阶段，衰老和功能衰退是渐进的过程，很多慢性病是中年期得的，"老年人的今天与明天没有本质不同"。

养老是老年期的生活方式，与其他年龄段的群体相比，仍然以共性为主、特殊性为辅。并非所有的老年人都需要照顾与护理。因此，不要刻意把老年人与社会隔离开来，更不要把老年人过度"养"起来。

（三）开展人口老龄化国情教育——形成共识

开展人口老龄化国情教育，在微观、中观、宏观三个层面均要树立积极老龄观、健康老龄化理念。目前，我国已进入实施积极应对人口老龄化国家战略阶段，须做到国家战略上的理念先行。理念是行动的先导，理念决定行动。"知行合一"，"知"是第一位的，只有正确地知，才能正确地行。关于如何将积极老龄观、健康老龄化理念融入经济社会发展的全过程，最重要的是开展人口老龄化国情教育，破除认知误区，统一思想，形成共识，凝聚起全社会实施国家战略的强大行动力。

在国家政策和文件中，三类人是国情教育的重点对象。一是领导干部。领导干部负责决策，必须理解老龄相关理念。领导干部的重要性在于,一些领导干部在位时想不到养老问题的重要性,到退休后才发现养老重要,但大多已经无能为力。因此,对于领导干部的教育,就是使其做得到的同时更要想得到。二是青少年。老龄社会并非仅与老年人有关,它与各年龄阶段的人口都有关系,青少年处在人生观和世界观形成阶段,更需要了解人口老龄化的基本国情。三是老年人。米兰·昆德拉(Milan Kundera)曾说:"老年人是对老年一无所知的孩子。"现在全社会都敢于就教育孩子和年轻人大谈特谈,而敢于谈论教育老年人的微乎其微。老年人也是需要教育的,原因在于老年人虽然拥有丰富的学识和人生经验,但面对"老",仍然如同孩子一般一无所知。因此,对于老年人的理念教育也是重点之一。

(四)树立六个积极老龄观

在个体层面,要树立以下六个积极老龄观。

一是独立自强观。老年人要强化独立意识,不过分依赖家庭和子女,保持自尊、自立、自强、自爱意识。独立是老年人的基本权利,也是其参与社会活动的前提。要借鉴日本的"自立""支援"理念,尽量亲力亲为,自身无法做到的再寻求社会支援。

二是主动参与观。老年人要积极参与社会活动,发挥自己的价值和作用,特别是低龄健康老人。参与是老年人的重要需求,也是老年人的重要贡献。参与能够促进老年人的身心健康,提高其生活质量和幸福感。要从老年人之"用"逐步过渡到"用"

老年人，且更强调"用"老年人。

三是积极养老观。老年人要有追求、梦想和规划，不把死亡作为唯一的目标，而要寻找新的目标和意义。老年人要继续成长，专注于自己感兴趣的事情，不被年龄所限，而是以功能为标准。要认识到衰老是一个被灌输的概念，专注力是对抗岁月的力量。要工作、学习和参与，而不是单纯的"养"。

四是终身学习观。老年人要坚持"活到老，学到老，改造到老"的原则，通过学习提高自己的知识水平和能力，与时俱进，适应社会变化。学习是老年人的重要需求，也是老年人的重要资源。学习能够有效地解决老年人与社会脱离的问题，增强老年人的自信和自尊。要利用老年大学等平台，进行科学、系统、持续的学习，不盲目听信自媒体等渠道的信息。

五是主动健康观。老年人要提高健康素养，主动健康，而不是被动医疗，要健康生活，而不是健康消费。要改变生活方式，预防和管理慢性病，区分正常衰老和衰弱，不过度用药治疗、养生保健、照护，参与社区康复，延缓衰老。要合理搭配饮食，避免营养不良，增强抵抗力和免疫力。要保持良好的人际关系和心理状态，积极看待衰老，与健康者为伍，增加社会参与和支持，促进心理健康和社会适应。

六是临终关怀观。老年人要消除对死亡的恐惧，理解死亡的真相，接受死亡的必然，通过生命教育和死亡教育，提高对生命意义和爱的认知。要缓解疾病带来的疼痛，解决未了的遗憾，尊重个人价值选择，实现生前预嘱，让老年人有尊严地度过人生最后阶段。要得到全社会的关怀和支持，推广临终关怀的理念和实践，借鉴深圳市的生前预嘱立法，保障老年人的自主权和尊严。要优生，也要优逝，让老年人安详地、有尊严地离开人世。

结语

最后与大家分享几句敬老格言。

一是"关爱小孩是自然行为，关爱老人是文明行为"。一个人、一个地区敬老爱老的程度就是文明的程度。

二是"只要父母还在，你就离衰老和死亡很远"。这是周国平所说的一句话。因此，我们都希望父母健康长寿。

三是季羡林先生所说的话，"世界上无论什么名誉，什么幸福，什么尊荣，都比不上待在母亲身边，即使她一个字也不认识"。所以，常回家看看，与父母在一起是最幸福的。

四是鲁迅先生所说的话，"父母存在的意义，不是给予孩子舒适和富裕的生活，而是当孩子想到父母时，内心会充满力量，会感受到温暖，从而拥有克服困难的勇气和能力"。

五是一句古语，"种田得谷，敬老得福"。

以上几句话，与老龄工作者共勉。

日本积极老龄化的经验及启示

胡澎
中国社会科学院日本研究所研究员、博士生导师

人口老龄化不仅是当今世界多国存在的重大社会问题,也是一个全球性的发展趋势。如何避免老龄化带来的负面影响,发挥长寿化的积极影响?换言之,如何尽可能延长老年人的健康年龄并为他们创造一个可以发挥价值的环境,如何让失能、半失能老年人得到高品质的照顾和护理,是每一个老龄化国家以及正走向老龄化的国家面临的共同课题。这一课题关系到庞大的老年群体的生活质量和社会福利,也关系到国家乃至人类社会的发展方向。

一、何谓积极老龄化

世界卫生组织对积极老龄化的解释是"在老年时为了提高生活质量,使健康、参与和保障的机会尽可能获得最佳的过程"。也就是说,"积极"不局限于身体的活动能力或参加体力劳动的能力,还包括不断参与社会、经济、文化、精神和公民事务的能力,可以说是一个全方位参与社会的状态。积极老龄化有三个支柱,即健康、参与、保障。积极老龄化还包含了健康老龄化、成功老龄化等多方面的内涵。

在日本,"积极老龄化"一词并不十分常用,但日本政府出台的相关法律法规和政策,以及从中央到地方贯彻执行老龄化对策的实践,都是围绕"积极老龄化"这一概念展开的。也就是说,日本的积极老龄化是体现在各种法律法规、政策以及实践中的。

二、日本的老龄化现状、成因与影响

日本是世界上人口老龄化程度极高的国家之一,截至2021年7月1日,日本总人数约为1.26亿人,65岁及以上老年人口为3617.5万人,约占日本总人口的28.8%。到过日本的朋友可能会留意到,日本的出租车司机、商场售货员、交通安全员等很多职业的从业者是老年人甚至是70岁以上的老年人。如果深入到日本的农村、山村、渔村以及一些岛屿等比较偏远的地方，会发现这些地方的人口老龄化问题更加突出。

日本人口老龄化的特点表现在：与其他发达国家相比，日本老龄化进程较快且程度较深。少子化和老龄化相伴而生。不仅老年人口越来越多，由于年轻人晚婚、不婚、少生或不生导致的低生育率现象以及人口总量减少现象也已成为阻碍日本经济社会发展的重要问题。此外，独居老年人口增多以及护理人才短缺都是日本目前所面临的问题。

（一）"2025年问题"和"2040年问题"

"2025年问题"和"2040年问题"是近年来日本政府和民间热议的两个词。"2025年问题"主要是指日本在第二次世界大战结束后的1947年到1949年之间第一次"婴儿潮"中出生的人的问题，日本将这代人称为"团块世代"。到2025年时，"团块世代"群体进入75岁，将会造成护理费用、医疗费用增多，劳动力不足以及社会保障费用增多等一系列问题。而随着老年人口增多，人均寿命增加，患有认知症的老年人数量也随之增多，如何对数量庞大的认知症老年人群体进行照护，也成了棘手问题。"2040年问题"则是"2025年问题"延长线上的问题。到2040年时，在第二次"婴儿潮"（1971年至1974年）中出生的人也将迈入65岁，届时日本的老龄人口将达到3868万人。与此相对的是，劳动力人口减少情况愈加严峻。社会保障问题、老年贫困问题都将更为突出。此外，日本很多建筑物是经济高速增长时期所建的，到2040年时，这些建筑将变得非常老旧，缺乏安全性，如果不进行改造会带来很多问题。因此，近年来，日本社会和媒体经常谈论"2025年问题"和"2040年问题"，并对此产生了强烈的危机意识。

（二）"长寿社会""百岁人生""生涯现役"

健康长寿是每个人、每个国家共同的理想和追求。健康长寿社会不仅意味着平均寿命的延长，还意味着健康寿命的延长，即老年人能积极参与社会活动，能在自己熟悉的环境中获得照料和看护。

近年来，日本人经常会看到一个词——"百岁人生"时代。我们以前经常说人生七十古来稀，而当代日本社会90多岁且生活自理的老年人非常多，百岁老人也不少。比如，一些八九十岁的老教授，不仅生活自理，还依然著书立说。2021年日本"敬老日"公布的数据显示，日本共有86510位百岁老人。对日本人而言，这意味着到了要拥抱"百岁人生"时代的时刻。日本还有一个词叫作"生涯现役"，其含义是活到老工作到老。目前，在日本，退休后在家什么都不做的人很少，不少人到退休年龄后会选择延迟退休或是再就业，工作年龄在不断延长。

（三）老龄化的负面影响

人口老龄化给日本政治、经济、社会带来了很多负面影响，特别是劳动力不足问题日益显现。20世纪六七十年代，"团块世代"为日本经济增长带来了人口红利,但随着人口老龄化进程加剧,劳动力供给逐渐显现不足,特别是像建筑业等艰苦、危险的行业,面临着劳动力严重匮乏的问题。如果日本政府不进一步放开移民政策,劳动力不足就将对其经济造成很大的冲击。此外,医疗、福利等社会保障方面也将面临巨大压力。

人口老龄化也将对日本企业的创新造成很大的负面影响。日本 NHK 曾经做过一个关于中国深圳的节目,节目中采访了几位 IT 领域和新兴企业创始人,大部分是三十来岁的年轻人,还有的仅二十多岁。这一节目对日本社会的冲击力还是蛮大的。

(四)"孤独死""购物难民""监狱养老"

日本的家庭结构从第二次世界大战后发生巨变,逐渐从以大家庭为主过渡到以核心家庭为主,现在,夫妻二人家庭、单亲家庭占比较大,特别是 65 岁及以上老年人的独居现象比较严重。老年人独居产生的一个社会问题就是"孤独死"。随着传统的地缘社会逐渐解体,人与人之间的关系日渐疏远,人情味减弱,日本社会正在从"血缘""地缘"和"社缘"相互交织的"有缘社会"向"无缘社会"转变。因此,独居老年人在家中死亡后长时间没有被人发现的"孤独死"现象增多。

另外,"购物难民"也成为一个不可忽视的社会问题。随着年轻人口减少,老年人口增多,利用公交车外出购物的人次减少,导致公交运营公司为控制成本撤线、并线、降低发车频率。这为老年人生活、购物、看病、就医等日常出行带来了很大的不便，于是出现了"购物难民"。

近年来，日本的老年人犯罪现象引人关注。一些贫困的老年人故意偷窃便利店或超市中的食品、低价商品等从而被判刑。对他们而言，在监狱里，有人照顾，还有免费食物。老年人犯罪率越来越高，"居家养老"变成了"监狱养老"，当然这是一些比较极端的例子。

三、完善的养老服务体系和多元化的养老服务模式

日本前首相安倍晋三在 2019 年新年贺词里称，现在的日本正面临着一场少子老龄化带来的"国难"。作为世界上老龄化形势最为严峻的国家之一，日本在不断寻找解决老龄化的方法和途径，如果日本能够找到解决人口老龄化的良方，无疑会对其他正在走向老龄化的国家产生良好的参考和借鉴作用。

目前，日本人的平均预期寿命是 84 岁，其中女性要比男性更长寿。预计到 2065 年，女性平均预期寿命将达到 91.35 岁，会真正进入"百岁人生"时代。现在日本也进入了一个少生多死的时代，老年人的死亡越来越多，而新生儿出生率却在逐年下降。同时，从健康寿命来看，有统计数字表明，2016 年，日本男性的平均健康寿命是 72.14 年，女性是 74.79 年。健康寿命和平均寿命之间有一个时间差，男性约为 8.84 年，女性约为 12.35 年。因此，人们需要做好心理准备，去面对生命完结之前的一段逐渐

丧失自理能力的时间。

人口的老龄化会带来养老问题。以前日本依靠的是儿媳、子女等家庭成员承担老年人的养老问题，但现在完全依靠家庭成员已经难以满足老年人的养老需求。随着人口老龄化以及长寿化，六七十岁的低龄老年人照顾90多岁甚至100多岁的高龄老年人的"老老护理"现象已不再少见。长年照料家中老人导致心情抑郁，最终和被护理者一起自杀或先杀掉被护理者后自杀的情况时有发生。因此，日本也有"护理地狱"之说。另外，"护理离职"现象也比较普遍，指的是为了照顾失能失智的父母不得不辞去工作的现象。"护理离职"对劳动力日渐不足的日本而言更是雪上加霜，长此以往将对经济产生不良影响。

日本在社会化养老领域也曾走过一些弯路。以前那些建在风景优美但交通不便的地方的养老院越来越不受欢迎，入住率非常低。日本老年人最希望的养老生活是继续和社会保持联系，能延续原有的生活轨迹，与家人住得比较近，且交通方便。

目前，日本的养老政策主要体现在构建完善的养老服务体系和提供多元化的养老服务模式上。

（一）积极老龄化相关的法律建构

日本相关机构对老龄化现状、老龄化发展趋势、老年人养老意愿进行了持续的调查，因此，日本政府出台的相关政策和措施是建立在大量的统计数据和问卷调查的基础之上的。

日本在应对人口老龄化的过程中，不断地出台跟老年人相关的法律，从 1989 年的《高龄者保健福祉推进十年战略》，到 2000 年实施的《护理保险法》，再到 2018 年的《高龄社会对策大纲》，都是在探讨如何改善人口老龄化社会。特别是 2000 年的《护理保险法》，给老年人家庭带来了福音，极大地缓解了家庭成员的养老压力。《护理保险法》是一种强制保险，政府、社会、个人三者共同承担费用，把养老保险从社会福利制度转变成了社会保险制度，其宗旨就是让老年人在自己住惯的地区自主生活，这非常符合老年人自我养老的意愿。《护理保险法》在 2000 年出台以后不断修改，更加注重地域性的预防措施和社区功能。

日本目前所构建的地域综合照料体系主要指的是，在行政区县、保健所的支援下，以市町村为主，把当地的医疗和护理机构联合起来，通过跨行业专业人士的共同协作，构建提供整体的、可持续的居家医疗和护理一体化服务的体系。主要形式是将街道或几条街道的社区联合起来，对其中的医院、诊所、居家诊疗的支援机构、牙科诊所、药店、医疗机构、养老机构进行统合，为整个区域中的老年人提供从咨询、购药、预防到针对性护理，再到适老化改造等一系列统筹性服务。地域综合照料体系包括自助、共助、互助、公助四种形式。自助指自我选择、自我健康管理、自行选择市场服务；共助是以护理保险为代表的社会保障制度；互助指志愿者活动、居民组织的活动；公助是老年人的福祉事业、老年人生活保护制度、老年人权益保障等。日本社会不认为养老仅仅是个人的事情，也不认为完全是政府的事情，而将其当作由个人、社会、法律构建以及福利事业、居民志愿者等构成的整体所共同承担的事情,这些也是构建老年友好型社会的重要组成部分。

(二)多元化的养老护理服务

日本的养老护理模式有很多种,大体可分为居家养老、机构养老和社区养老,其中居家养老做得比较好,上门护理、上门洗浴等都是值得我们借鉴的。社区养老方面,嵌入社区的小规模多功能养老机构是近年来日本政府积极倡导的一种养老模式,包括对有需求的老人进行巡回上门、预约护理等服务;白天把老人接至机构中接受服务、晚上送回家中的日间照料服务;也面向部分老人提供入住养老机构服务以及短期入住服务。此外,还有针对社区老人的夜间呼叫服务及提供健康和养老方面的咨询等。

日本有专门针对认知症老人的小型养老护理机构——"认知症老年人共同生活之家",该机构对入住对象有一定的要求,即必须是能够适应集体生活的认知症老人,同时需要经过审批。日本这类认知症老人的养老机构,从高端机构到经济型,费用不等,有需求的老人可以根据自身情况进行选择。机构内的所有设施、家具等均为无障碍设计,机构内的墙壁、地板的颜色清新、明亮,使老人心情愉悦。同时,机构中有专业人员会对老人进行一些康复训练,护理员会带领老人做手工、游戏,同老人一起种植花卉、蔬菜等,从而减缓认知症进程。目前,在我国很少有专门服务认知症老人的机构,日本针对认知症老人的措施值得我们借鉴。

嵌入社区的小规模多功能养老机构一般面积不大，日间照料人数也有限制，需提前预约。这类机构虽然规模小，但是功能齐全，能够给老人提供安心的服务。

2000年《护理保险法》的出台，给日本带来了一个重大变化，就是非营利组织（NPO）参与养老服务的情况增多了。NPO的应对非常多元，在养老护理领域里，NPO能够做到非常迅速，并且非常细致。

四、促进老年人再就业和参与社会

大多数退休且身体健康的日本老年人有继续工作、服务社会的愿望，特别是以"团块世代"为代表的群体，他们大多有技术、有专长，退休后有时间、有稳定的收入、有技能和经验，希望能做些力所能及的工作。

（一）老年人再就业

日本政府出台了诸多法律法规以及措施，促进老年人再就业，鼓励企业继续雇用到退休年龄的员工，确保地域社会雇用和社会就业的多样性。对于刚退休、身体状况较好并且有工作意愿的低龄老年人，日本有数量众多的职业介绍所为其寻找工作机会，保障老年人参与社会的权利。此外，日本也积极推行延迟退休相关政策。日本的延迟退休政策并非一刀切的强制政策，主要是通过鼓励和引导企业去雇用已经达到退休年龄的员工来实现,方式比较灵活。比如,企业如果在雇用达到退休年龄的员工方面做得较好,政府就会给予奖励或其他方面的优惠政策。在促进雇用老年人方面,日本的相关机构和社会组织经常开展一些免费的讲座、咨询会等启发性宣传活动,还会开办职业培训,帮助老年人掌握新的技能。

(二)老年人的社会参与

日本在扩大老年人社会参与方面也进行了多样化的探索和实践,一些地方做得比较成功。例如,利用一些休耕地开展都市型农业,在城市中开辟一块田地供老年人种植蔬菜水果;将社区中闲置土地开辟成迷你菜园工厂,让老年人种菜或者在房顶种植蔬菜、鲜花,体会种植和收获的快乐;鼓励老年人开办社区食堂、拉面店、小餐馆等,方便社区居民。在有些社区,老年人和家庭主妇以及一些社区志愿者成立非营利组织,看管放学后的儿童,开展文化、体育活动,他们会与学校沟通,利用学校在放学以后空闲的教室和操场,组织学生开展活动。

(三)长寿社会构建中民间组织发挥积极作用

1998年,日本出台《特定非营利活动促进法》,之后,非营利组织如雨后春笋般涌现。例如,神奈川一家育儿支援NPO积极推进社区老年人的社会参与,他们开设"交流广场",由老年育儿支援者、学生志愿者陪同家长和孩子们一起玩游戏、表演节目。该NPO中有约20名育儿支援者,其中80%是55~80岁的中老年人。老年人通过参加活动,感到"自己对社会还有用""从孩子们身上得到了生命能量",从而体会到自身的价值,获得满足感。

"长寿社区营造"提倡"邻里互助",鼓励健康老年人为身体虚弱的老年人提供服务,陪伴他们出行,帮助他们打扫房间。这种互助是一种改变街区、改变社区的行动和措施,是发挥人生价值的地域再生事业。老年人在参加社区活动后比以往更加健康了,他们通过参与各种活动,发挥自身价值,为社会作出了贡献,成为让社区焕发活力的直接参与者和推动者。

五、日本积极老龄化给中国的启示

一是在全社会普及积极老龄观。

二是对积极老龄化进行制度设计和路径探索。

三是构建多元养老服务体系。

四是开展家庭照护支持行动。

五是关注老年人的孤立与孤独,加强社会共助。

六是加快养老服务人才的培养。

七是推进智慧养老战略与老龄化政策的融合。

八是开发老年人人力资源。

九是促进老年人参与社区治理。

十是构建终身学习型社会。

第 3 章

老龄社会，我们如何才能更健康

老年照护体系的整体效应

唐钧
中国社会科学院社会学研究所研究员、老专家协会副会长,北京义德社会工作发展中心理事长,老龄社会30人论坛成员

一、理论基础:结构功能主义和整体哲学

(一)社会学的结构功能主义

理查德·谢弗、安东尼·吉登斯和戴维·波普诺这三位著名的社会学家都将"社会"比作有生命力的有机体,他们都认为社会是有生命的。20世纪五六十年代,社会学的结构功能主义风行一时,但随后有人提出,社会生活并不总是平静的,世界上很多国家和地区仍会发生战争、叛乱、革命等,于是产生了与结构功能主义形成鲜明对照的另一个理论视角——冲突论。但结构

功能主义仍适用于研究稳定的小规模社会，特别是在社区中，结构功能主义的解释力依然很强。如果把社会政策看作一个人造系统，在政策设计过程中，我们可以为之设置实施所需要的外部条件，同时设计内部各个部分以及各种子系统，并确定它们的结构与功能，使这些部分或子系统通过功能耦合形成一个系统整体，从而产生"整体大于部分之和"的整体效应。

（二）结构主义三原则

结构功能主义中的结构主义有三个原则：一是结构的整体性。任何结构中的各个部分都不是孤立存在的，整体的性质由互相依存的各个部分来说明。二是结构中的各个部分必须满足转换规则，结构中某一部分可转换成相应的另一部分（或与别的部分联系起来）；三是结构中的各个部分具有"自身调整性"。

（三）功能耦合

结构主义的三个原则实际上是对组织系统的概括，可以从一般的功能耦合系统中推出来。耦合方式一为：大系统中的子系统1的输出为子系统2的输入；子系统2的输出为子系统1的输入；子系统1与子系统2通过功能耦合构成了有组织的整体。耦合方式二为：一个系统本身的输出恰好是系统本身的输入，即系统本身的功能发挥为自己发挥功能创造了条件，通过自耦合，形成了有组织的整体。

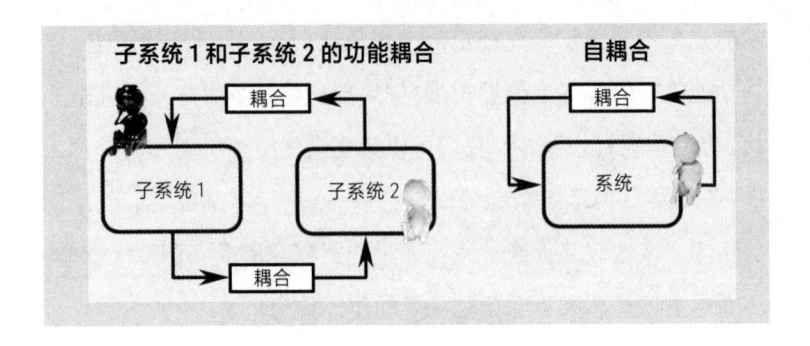

二、现行养老服务体系是一个系统整体吗

（一）整体哲学与老年服务政策

整体哲学认为，整体是混沌的，是无限复杂的，包含着无限种分解成部分的方法。造成困难的关键是人们忽略了哪些部分是整体中真正起作用的子系统。

21世纪以来，"养老服务体系"屡屡出现在中共中央、国务院的文件或老龄工作领域的法律文本中。然而，我们并不能就此认为中国已经有了一个可以被称为"整体"的老年服务体系或系统。政策文件的堆积未必能够构成"系统整体"，整体哲学认为，一把沙子因为它的各个部分之间没有关系，可以说相互作用极其微弱，通常用一把散沙来形容。文件发布后是否在实践中发挥了相应的作用？实际上，工作部门和服务机构是普遍抱着质疑态度的。

（二）整体哲学与部门职责

在实际生活中，政府各部门之间职责的边缘部分很难通过一条明确的界线完全区分，很多工作需要各部门合作推进。但在一定程度上，管理主义造成了部门之间的协作困难，这种职责不清也导致了工作开展中出现相互推诿的情况。

2006年，全国老龄委办公室等10部委推出《关于加快发展养老服务业的意见》，意见提出了"以居家养老为基础、社区服务为依托、机构养老为补充"的养老服务体系。2011年，提法又改成"建立和完善以居家为基础、社区为依托、机构为支撑的社会养老服务体系"。2022年发布的《"十四五"国家老龄事业发展和养老服务体系规划》中的提法又改为"居家社区机构相协调、医养康养相结合"的养老服务体系。政策上社区、居家、机构的角色分配是比较合理的，但现实中经常出现两种尴尬局面：一是在实际工作中，支持老年人居家照护只是社区照护功能的一部分，不能完全捆绑；二是社区居家服务与机构服务之间已经被人为地割裂开了。

整体哲学认为，任何生命组织内部都必须是"稳态"的。内稳态不仅是生命组织的共性，还适用于社会和一切组织系统。在很多场合（对于系统的确定功能来说），这些被人想当然的"子系统"实际上是把整体肢解后我们所能发现的那些已经被破坏了的子系统。如果对"子系统"定义错误，那么整体就很难由这些子系统组成。

三、老年照护体系：功能耦合和整体效应

现行养老服务体系能否被改造成一个真正意义上的系统整体，如果用"功能耦合"作为方法论来研究社会政策这样的人造系统，同时研究"照护者－被照护者（老年人）"这样的稳定的小规模社会群体，并将研究范围限制在社区，那么是否会有饶有风趣的新发现呢？

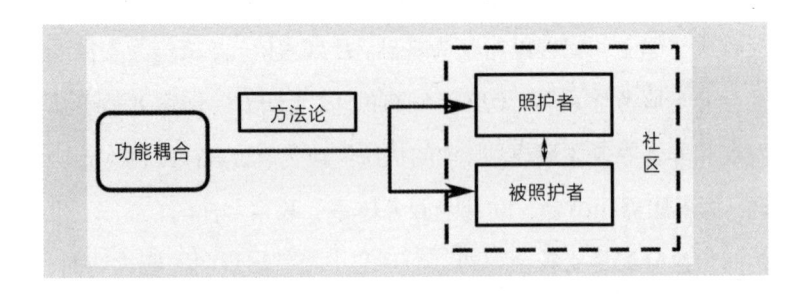

（一）中国传统家庭养老的自耦合

中国传统家庭养老主要输出功能是"繁衍生息"，通过"人口（劳动力）再生产"，转化为满足家庭中老年人需求的输入，一是物质上的赡养（包括生活照料），二是精神上的崇敬，这就造就了"家庭养老"系统的生存条件，闭环形成了一个自耦合的简单系统。这个简单系统却需要复杂的外部环境条件来维持：传统的农耕社会的生产生活方式；中国传统"孝文化"；基于"孝文化"保护"家庭养老"的传统法律制度。

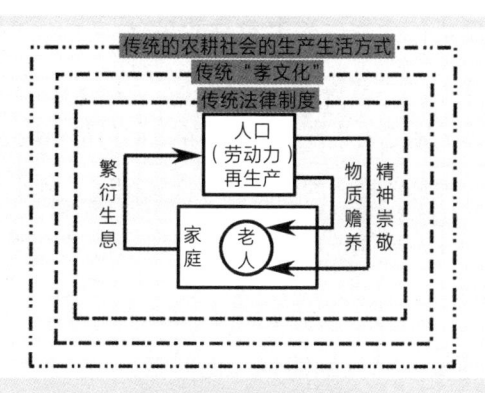

传统家庭养老的自耦合

（二）中国传统家庭养老的特点

1. 在传统农耕社会中，家庭养老是一种最普遍的基本养老模式。

2. 家庭养老建立在自给自足的农业经济以及与之相适应的生产生活方式基础上，并受到传统文化在道德上的制衡和法律制度的保护。

3. 家庭养老作为一个系统，其主要的输出是合格的人口或劳动力的再生产。

4. 系统输出的合格劳动力以两种方式——"敬"和"养"对家庭养老系统予以输入，以满足家庭中老年人的需求，是家庭养老系统存在的条件。

5. 这样的输出与输入周而复始，生生不息，形成了超强内稳态，可抵御外部环境变化的负面影响。

（三）现代社会家庭养老自耦合解体

人类社会进入工业化时代后，其生产方式就演变成社会化大生产，生活方式随之发生改变，家庭养老的外部环境受到现代化冲击，家庭养老传统模式的内稳态被大幅削弱。另外，因出生率下降，人口再生产骤减，无论物质赡养还是精神崇敬，都已经陷入不稳定状态。

（四）家庭养老受到的现代化冲击

1. 在现代社会中，家庭养老已经处于一种不稳定的状态，但是并没有消亡。

2. 家庭养老是与自给自足的小农经济以及与之相适应的生产生活方式相配套的，但工业化、现代化的进程对家庭养老"超稳定状态"发起了挑战。

3. 在新的大环境下，家庭养老作为一个系统，其主要输出——人口（劳动力）再生产因出生率急剧下降，加上人口流动而陷入窘境。

4. 从系统输入看，因为老年人家庭地位的弱化和劳动力流动造成的照料困难，家庭养老难以形成自耦合的闭环。比如，在传统农耕社会中，老年人的农耕经验对于生产生活至关重要，但随着现代化进程的发展，这种经验的作用已经大幅降低。

5. 输出与输入，即本来相耦合的条件与功能同时减弱，内稳态逐步丧失。新的老年照护体系还在探索之中，养老成为一个社会性难题。

(五)功能耦合的老年照护体系

20世纪末至21世纪初,中国便有了养老服务体系的说法,并对构成体系的居家服务、社区服务和机构服务分别做了基础、依托和支撑的角色安排。在新的政策设计中,家庭照护功能的内稳态是可以恢复的。其中,非正式照护是关键因素,非正式照护是家庭照护中的主要力量,其输出通过"直接照护"和"间接照护"两条途径,最终成为满足老年人照护需求的输入。

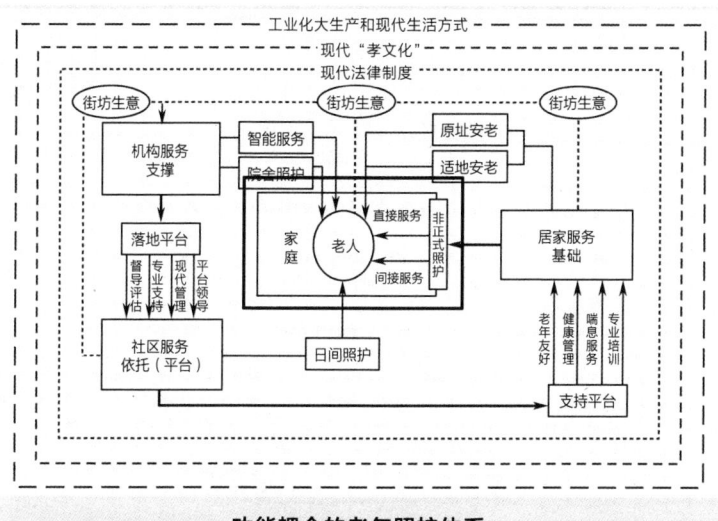

功能耦合的老年照护体系

从居家服务看,居家服务子系统的输出,通过非正式照护转换为老年照护输入,成为重新恢复家庭照护内稳态的支持力量。另外,通过慎重选择"适地安老"或"原址安老",安排老人"安度晚年"环境的输入。这也形成了居家服务子系统与家庭照护之间的两组功能耦合。

功能耦合的老年照护体系

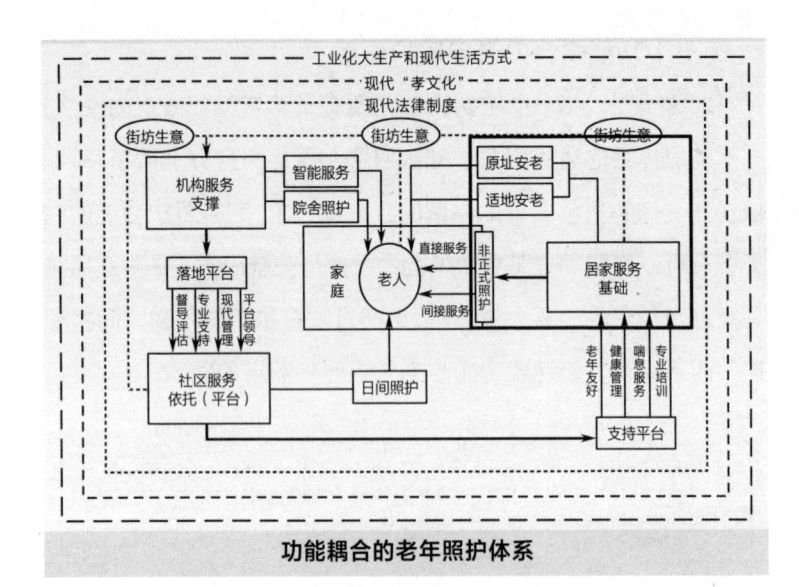

从社区服务看,社区服务子系统通过"支持平台"对居家服务子系统进行输出,其在此平台进行转换后,对于居家服务子系

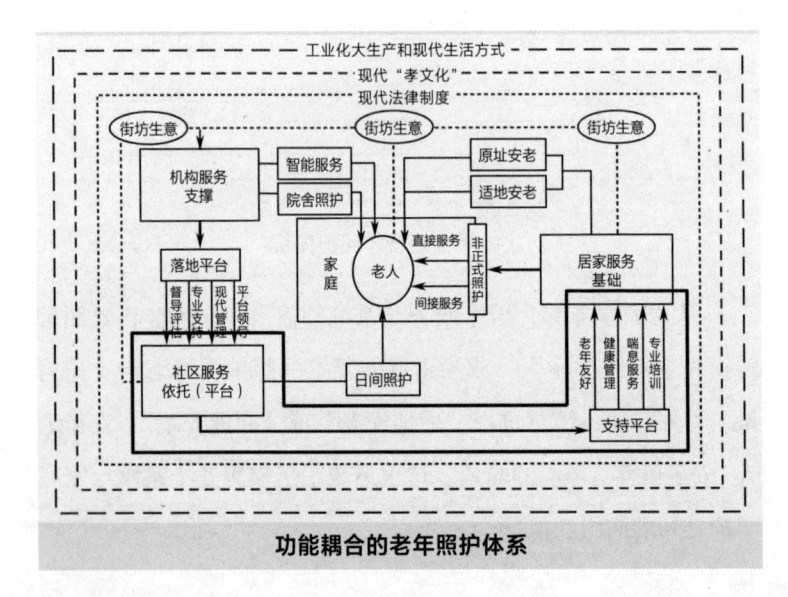

功能耦合的老年照护体系

统而言，则是包括"专业培训""喘息服务""健康管理""老年友好"的输入。社区服务并非第三种服务方式，它应该是一个平台，能够让机构落地，同时能进行专业培训，并通过居家服务为老年人提供各类必要的养老服务。居家服务中我们不仅要关注老年人，更要关注照护者并为其提供"喘息服务"。

从机构服务看，机构服务子系统对社区服务子系统进行输出，机构服务的支撑功能要通过社区服务落地。机构服务对社区服务的输入，包括"督导评估""专业支持""现代管理""平台领导"。机构服务还要做好院舍照护服务，但其服务对象逐渐向失能失智人群转移。另外，智能服务应该由机构服务承担，目前来说，智能服务的主要成就是信息交流和沟通，真正的服务仍然需要在线下提供。可以说，对于平台而言，机构主要起支撑作用，具体表现在专业支持上。

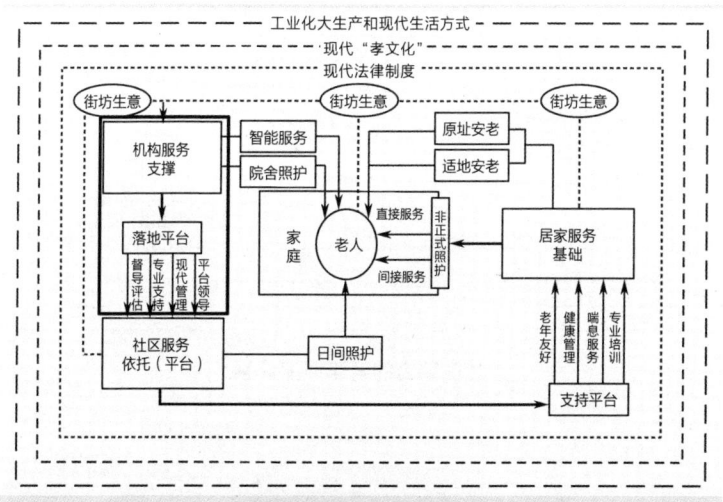

功能耦合的老年照护体系

在老人和家庭、居家服务、社区服务三方面，应该形成一个街坊生意的链条，就是"社区化"。这就需要以社区为平台，落实"机构服务－社区服务－居家服务"，构筑老年照护大系统。未来是否能够在专业人士和老人家属的参与下，实现为每个老年人制订一个符合其自身需求的个案照护计划，将是一个重大的挑战。

机构服务和社区服务两个子系统都有直接针对老年人的输出和输入，而这些子系统都还有自己直接的系统目标，如机构服务的输出，通过智能服务和院舍服务直接转换成提供高科技的智能服务和针对有严重或完全照护依赖老人的长期照护。

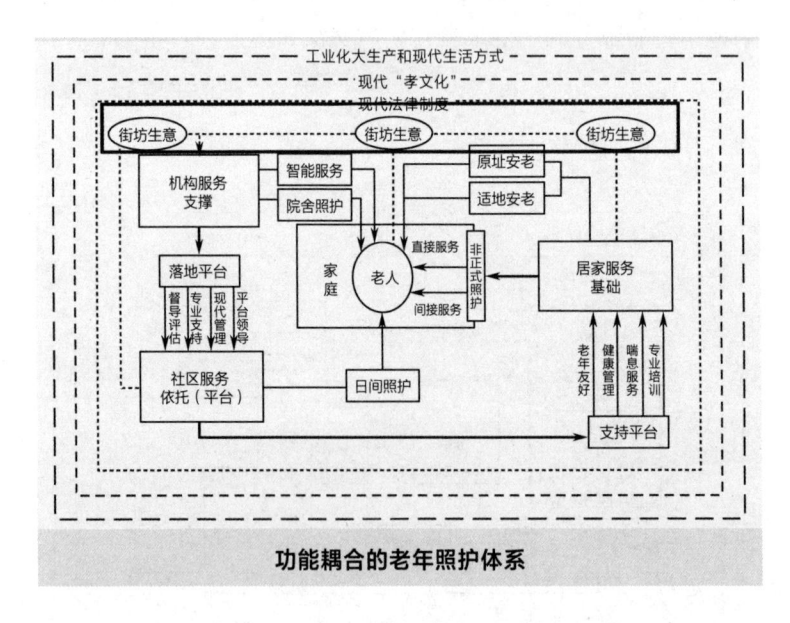

功能耦合的老年照护体系

功能耦合的老年照护体系

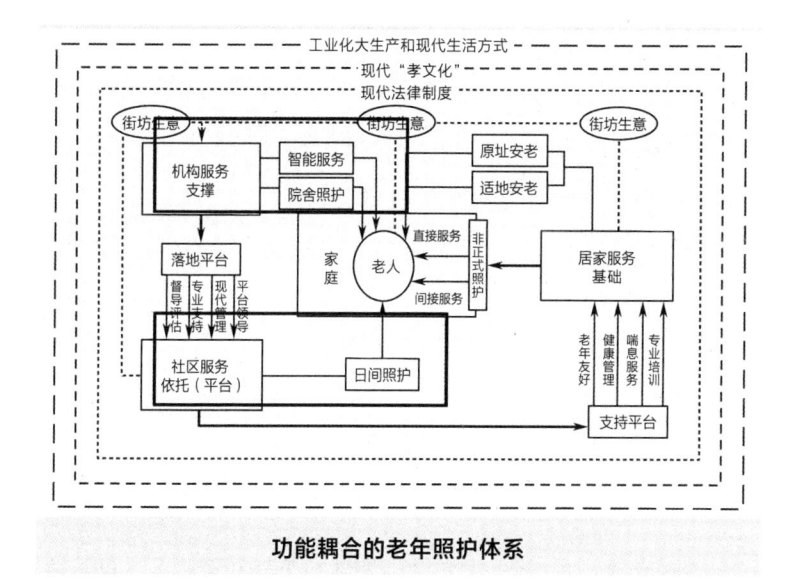

（六）老年照护系统以及三个子系统的整体运行机制

1. 科学、合理的老年照护系统，其基点仍然在家庭，因为大多数老人住在家里，享受居家服务，而居家服务主要由非正式照护提供者提供，包括直接服务和间接服务。

2. 老年照护系统由机构照护、社区照护和居家照护三个子系统构成。机构服务是专业骨干，社区服务是支持平台，居家服务是基础服务，三个子系统既互为条件，又功能互补，可以耦合成一个系统整体。

3. 知易行难，在宏观的社会经济条件下，理想化的老年照护体系可能很难一蹴而就，但可以从一个相对稳定、小规模的社会，即社会学意义上的社区（按需要建构，避开行政区划）做起。

4. 在长期的发展过程中，上述三个子系统原本都有本身的目标。譬如机构服务本来是提供院舍服务的，这项功能依然存在；再如社区服务，还有日间照料中心为老人提供"半居家、半机构"的服务。当然，对照护者而言，这项服务可以被归为喘息服务的一种。

四、深度调查：北仑区老年服务十大亮点

2018年11月，复旦大学社会发展与公共政策学院和浙江省宁波市北仑区人民政府共同签署了《北仑·复旦：社会养老服务政产学研战略合作备忘录》，准备用3年时间，在老年服务领域做一次深入研究。课题组主要总结出了北仑区老年服务的10个亮点。

1. 引入专业机构，发挥专业支撑力量。通过公建民营的方式，改造、改建民营老年服务机构，引入专业老年照护机构参与运营居家养老服务中心。

2. 倡导小型适用，老年机构嵌入社区。由经验丰富的服务机构将其旗下小型机构"嵌入"北仑的社区中进行连锁经营和专业化管理，实现老年服务机构的"就近服务"。

3. 重视院内和谐，五保自费一视同仁。不实行分区管理，让特困老人和自费老人享受同样甚至略高的生活待遇和服务水平。

4. 以居家服务为本，夯实老年服务基础。不仅关注被照护的老年人，还关注在家里照护老年人的家庭照护者，为他们提供免费的护理技能培训，以及康复培训等支持性服务。

5. 建设老年社区，努力实现适地安老。在居民聚集的社区或附近，建设一个供老年人居住的独立小区。小区内有满足老年人各种需要的相应服务，让老年人既独立、有隐私，又方便、安全。

6. 以老年人需要为本，爱心厨房送餐上门。主要解决生活自理有困难，子女又无法照护的高龄、残疾、特困、独居、失独等老年人。区财政每年对每位通过评估的就餐老年人给予3000元补助，老年人每餐自付5元即可享用一荤两素一汤。

7. 搭建社区平台，兼顾健康社会双重照护。实现"急症快医、慢病细养、失能近护"的健康照护，以及培育社会组织、扶持公益扶老项目以进行社会照护，形成了一批有质量、有温度的社会组织和公益扶老项目。

8. 打破区划限制，按需分片。逐步打破行政区划"一亩三分地"的思维定式，坚持老年服务设施改造和体系建设跟着老年人的需要走，实现了以需求为导向的资源优化配置。

9. 办好老年协会，志愿服务助力照护。使老年协会成为基层老龄工作重要的组织载体，以及党和政府联系广大老年群众的桥梁和纽带，开展结对助老、邻里家政等以老助老服务，是互助养老模式的重要体现。

10. 反对形式主义，智慧养老注重实效。对于技术成熟、稳定且在老年服务中适用、实用的智能化设备，积极引进并落实到服务中；对于技术上尚且不够成熟的智能化设备，采取既"乐观其成"又"静观其变"的谨慎态度；对于哗众取宠的"智能花瓶"，则不花冤枉钱。通过智慧养老平台拓展居家监护项目模块，实现家庭适老化改造、智能设备安装、辅助器具配置和上门服务"四位一体"的打包供给。

五、综合分析：北仑经验展示的发展趋势和路径

（一）北仑经验中的照护路径

2023年4月22日，由复旦大学老龄研究院、北仑区民政局主办的"积极应对人口老龄化国家战略与地方经验"研讨会在北仑举行，双方再次签署了《北仑·复旦：社会养老服务政产学研战略合作备忘录》，表明将继续围绕社会养老服务领域展开政、产、学、研等一系列交流合作。

（二）北仑经验总结

1. 北仑经验基本上涉及了以上提出的有关老年照护体系理论框架的方方面面，北仑的想法和做法与理论框架中提出的价值取向非常一致。

2. 北仑经验中，有六个特点发展得更快更好更全面：居家服务中的"爱心厨房送餐"，社区服务中的"办好老年协会"和"按

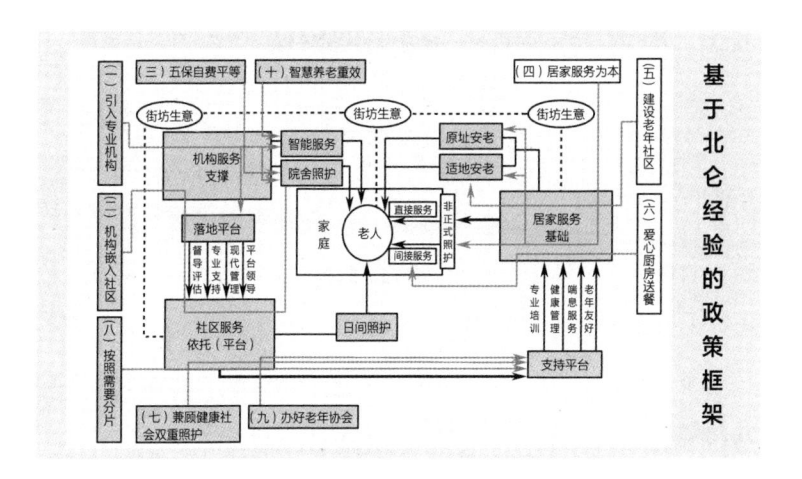

需分片"，机构服务中的"引入专业机构""机构嵌入社区""五保自费平等"。有三个重要的思想观念转变：居家服务中的"以居家服务为本"，机构服务中的"注重智慧养老效果"和社区服务中的"兼顾健康社会"。

3.北仑经验中，居家服务中的"建设老年社区"取得了显著成果，但发展受到限制。将村中村式的老年社区纳入考虑范围，可能是一个有益的探索。

4.北仑经验表明，构建一个由机构照护、居家照护和社区照护相互耦合的老年照护体系，是实现整体效应的关键，我们希望国家、社会、社区和家庭在老年友好的旗帜下展现出强大的合作精神和团结性。

结语：发展中的商业逻辑和社会逻辑

在市场经济条件下，商业逻辑认为只要有三分之一的人购买产品，就能带来巨大的商业利益。然而，在中国仍然存在着60%以上的低收入群体，因此在必需品领域，必须考虑社会逻辑，追求"人人享有"的目标。

那么，如何实现老年照护的"人人享有"呢？这需要全社会共同努力。曾经有人提出过一种适应未来信息社会的社会政策设想：未来的社会政策可能不是"一刀切"的，而是可选择的。我们是否可以想象这样一个愿景：当家庭中有需要照护的孩子、老人或其他家庭成员时，他们可以选择暂时离开工作岗位，在政府或社会以某种方式提供的资金支持下，回家照顾需要照护的家人；在必要的照护活动结束后，再次回到工作岗位。当前出现的"全职子女"社会现象可能预示着这一设想的可能性，但需要进一步研究。

高质量发展背景下的养老机构提升路径

高华俊
北京师范大学中国公益研究院
执行院长

从国家确定的积极应对人口老龄化的战略来看,推动养老机构高质量发展也是一个关键的支撑,养老机构在整个养老服务体系当中处于不可替代的位置。过去二十年,政府有关部门对于养老机构的地位和作用的阐述不断变化,从开始提出的以机构为补充,到"十二五""十三五"时期的以机构为支撑,再到现阶段的机构、居家、社区相结合。并不是说谁是主要的,谁是辅助的,而是强调梯次融合,协调发展。对养老机构而言,"十二五"是快速增量发展时期,"十三五"在总量提升的同时提出了提质增效,"十四五"则真正进入高质量发展阶段。

一、现状与特点

特点一：养老机构结构调整取得成效

从当前中国养老机构的整体状况看，截至 2021 年，我国养老机构数量已经达到 39961 家，养老机构床位约 488.2 万张。到目前为止，养老机构床位有小幅增加，达到约 503.6 万张。在院人数方面，2020 年至 2021 年养老机构的在院人数增加了约 3 万人，这与纾困政策保护有较大关联。在机构和床位分布方面，需特别注意公办机构与民营机构的分布。另外，还需要重点关注包括职工人数等能够反映养老机构服务质量的要素。总体来说，经过"十二五""十三五"时期的发展，养老机构结构调整取得显著成效，主要体现在三方面。

一是总量上，我国养老机构数量波动增长，结构性调整是主线。养老机构数量在 2013 年之后经历了 4～5 年的减少期，2019 年开始逐渐回升，但仍未回升到 2013 年的水平。原因在于曾经养老机构小而散的局面被系统规划和整合所替代，虽然整体数量有所减少，但规模和规范化程度均有所提高。养老机构床位数同样如此，2013 年之后经历了几年的平缓发展，到 2021 年数量开始增加，目前已超过 500 万张。

二是城乡发展上，城市养老机构社会化程度高，农村仍以敬老院为主。现阶段公办机构和民营机构各占半壁江山，这是非常重大的变化。2008 年，经政府部门排查，全国养老机构总数的

80%以上位于农村,并且以公办为主。而最近10年,民办养老机构发展得到极大推动,数量已达到半数,这也是养老机构最大的变化态势。

三是机构规模上,小型机构占比过半,大型机构持续增长。2014—2020年,0~99张床位的小型机构大幅度减少后又明显增加,这与近两年"嵌入式"养老机构的发展有关。有500张以上床位的特大型机构和有300张以上床位的大型机构增长幅度较大。

特点二:养老机构照护和医养结合能力明显提升

一方面收住结构与医养结合能力变化明显,养老机构照护功能提升,收住失能老人数量逐年增长,两证齐全的医养结合机构持续增多。在曾经以敬老院为主的时期,养老机构不具备照护和医养结合的能力。养老机构最近10年较大的变化之一,是照护和医养结合能力的提升。根据相关数据,在养老机构的入住老人中,自理人员比例不断下降,从2010年时的近80%下降至2020年的50%左右。另外,两证齐全的医养结合机构数量也在增加。两证齐全是指其既有养老机构资质又有医疗护理资质。目前,两证齐全的机构有5800余家,占养老机构总数的约15.3%。

另一方面,养老机构工作人员数量增长,照护人员配置优化。从医养照护比看,2016年1个照护人员对应服务6位老人,2020年1个照护人员对应服务4位老人,可以说是较大的进步。

特点三：养老机构区域和城乡发展差异明显

从区域分布上看，中东部地区养老机构密集，区域化特点突出。根据对养老机构在全国的分布情况的相关统计，江苏、安徽、山东、浙江、河南5个省份的养老床位总量在全国排名前5，共计180.9万张，占到全国总量的37%。江苏省（44.3万张）养老床位最多，京津冀、长三角、粤港澳大湾区、成渝城市群养老机构市场运营主体活跃。边疆地区养老机构数量相对较少。可以说，养老机构的分布情况与经济和人口呈正相关。

从大城市养老上看，养老机构的社区化、小型化、连锁化、复合型趋势明显，社区嵌入式养老服务机构增长快速，特别是50张床位以下的机构数量增长显著。比如，北京的街镇养老照料中心运营数量从56家增至262家；上海的长者照护之家从2016年的73家增至2020年的204家。

特点四：养老机构服务市场已呈多元化发展格局，企业主体布局加速

从运营主体上看，社会力量已成为主体，企业类型养老机构增长迅速。2013年至2020年，企业类型养老机构数量增加了近40倍。从品牌发展上看，涌现出了一批规模发展、连锁化运营的养老机构，其中不乏一些大型的国企、民企、外企的积极布局。头部险资企业加速布局养老机构，泰康保险和中国太保领衔发展。国企快速发展，继中国诚通成立中国健康养老集团之后，北京、上海相继成立了健康养老集团。中外合资或境外独资养老机构以管理和服务技术优势取得快速发展。其他社会资本布局养老机构的例子不胜枚举。

头部险资企业养老机构布局

保险企业	品牌名称	项目	进入城市	
泰康保险	泰康之家	燕园；申园；锦绣府；粤园；蜀园；吴园；湘园；豫园；津园；楚园；赣园；鹭园；大清谷；锦官府；甬园；徽园；苏园；琴园；福园；瓯园；浙园；渝园；儒园；三亚海棠湾度假村（非养老社区）；桂园；鹏园；沈园；蒙园；滇园	华北	北京、天津、呼和浩特
			华东	上海、苏州、南昌、厦门、杭州、宁波、合肥、南京、青岛、福州、温州、济南
			华南	广州、深圳、三亚、南宁
			西南	成都、重庆、昆明
			华中	武汉、长沙、郑州
			东北	沈阳
中国太保	太保家园	成都国际颐养社区；杭州国际颐养社区；上海崇明国际颐养中心；上海普陀国际颐康社区；厦门国际颐养社区；南京国际颐养社区；武汉国际乐养社区；大理国际乐养社区；青岛国际颐养社区；郑州国际康养社区；北京国际颐养社区	华北	北京
			华东	上海、青岛、南京、厦门、杭州
			华中	郑州、武汉
			西南	成都、大理
中国人寿	国寿嘉园	天津乐境；雅境；逸境；韵境；国寿·康欣社区颐康之家；国寿·福保社区颐康之家；国寿·悠享家健康护老中心；国寿·盐田区悦享中心	华北	天津、北京
			华南	三亚、深圳
			华东	苏州
中国平安	平安臻颐年	平安养生养老综合服务社区；"平安臻颐年"康养品牌："颐年城"综合养老社区（布局中）	华东	浙江桐乡
新华保险	新华家园	北京莲花池尊享公寓；北京延庆颐享社区；海南博鳌乐享社区	华北	北京
			华南	海南博鳌

资料来源：各险资企业网站和自媒体平台，北京师范大学中国公益研究院，智睿养老产业研究院

特点五：养老服务综合监管建设力度显著加强

首先，多措并行的综合监管方式开始实施。2018年，民政部成立养老服务司，实行五类综合监管，其中包括协同监管、信用监管、信息共享监管、运营秩序监管、标准规范引领。协同监管，主要针对质量安全，包括建筑、消防、食品、医疗卫生等方面的安全风险和隐患。信用监管，主要针对从业人员，要求从事医疗护理、康复治疗、消防管理等服务的专业技术人员具备相关资格。信息共享监管，主要涉及资金监管，包括建设运营补贴资金、政府购买养老服务、医保基金、预收服务费用、金融产品、

非法集资风险等。运营秩序监管,包括公共场所和部位安装视频监控、内部管理档案、查处向老年人欺诈性销售各类产品和服务的行为、打击无证无照等。标准规范引领,主要涉及突发事件应对,包括自然灾害、事故灾难、公共卫生事件等突发事件应急预案、传染病防控等。

其次,标准化建设成为养老机构服务质量提升和监管的重要抓手。近年来,从中央到地方,关于养老机构管理的服务质量提升和监管的一些标准、规范相继出台。比如养老机构星级评定的实施,对提升养老机构的综合质量产生了较好效果。另外,以会员制为代表的预付费管理受到严格约束。

二、机遇和挑战

(一)机遇

1. 政策环境优化

一是诸多标准、综合监管措施,以及鼓励、支持政策的实施使政策环境得到改善。从"十四五"规划等涉及养老的顶层设计来看,养老机构进入高质量发展阶段毋庸置疑。二是护理型床位成为约束性指标,这是政策的较大变化之一,可以说政策上已经认识到养老机构正在从数量增多向质量提升转变,其最大的标志之一就是护理和医养结合的功能能够满足社会需求。比如,

"十四五"期间,要求养老机构护理型床位数不低于55%,实际上一些发达省市的指标更高,能够达到近80%。

2. 新需求、新市场、新机遇

随着人均预期寿命的持续提高,机构养老需求总量持续增加。老年人高龄、失能特点突出,对医养结合新型养老机构的需求也在增加,同时老年人支付能力提升也推动着消费结构升级,催生了新的市场,带来了新的机遇。

3. 公益力量支持养老机构发展

基于养老等生活性社会服务业对于慈善伦理的要求,公益力量参与养老具有独特优势,可以更好地提升行业整体的慈善能力。一些大型的国字头基金会以及头部企业的基金会应积极参与其中,助老是行业发展的趋势要求,是公益力量发展的重要方向。另外,在社区、居家、机构协调发展的要求下,养老机构可持续发挥专业优势。虽然经常说到"9073"或"9064",机构养老仅占3%或4%,但是机构是专业化的标杆。

4. "互联网+养老"的技术支撑

《智慧健康养老产业发展行动计划(2021—2025年)》明确机构支持导向。依托互联网技术支撑,机构养老服务效能将进一步提升。

(二)挑战

1. 养老服务业的基本矛盾

第一,温饱型养老和护理型养老的结构性矛盾。2013年之前,养老服务业以温饱型为主,护理型养老十分稀缺。现如今,这种状况已有极大改善,护理型和医养结合养老的比例逐渐提高。但是,从服务业整体的功能政策和整体架构看,护理型养老在结构上不占优势,从温饱型养老向护理型养老的转变尚未完成。

第二,养老护理体制建设与资源供给不足的矛盾。目前,护理保险和养老护理补贴均未普及,标准较低、覆盖群体较少。另外,政府部门在出台一些老年补贴、护理补贴的措施时,往往只重视经济困难的对象,从助贫到助困的转变尚未实现。实际上,中国养老最大的难题是中产阶级。表面上看,这个群体收入高于平均数,甚至还占有一些优势社会资源,但其实无法享受到护理业发达国家最普通公民的待遇水平,甚至还面临着医养结合服务和专业护理人员缺乏的尴尬局面。

第三,养老服务仍停留在助贫而非助困的阶段。贫是指低收入,经济上贫穷。困不仅包括身体行为能力的困难,还包括自理能力的不足。即使是退休老师、退休干部,在养老方面也缺乏包括终身养老金、补充养老金的准备,特别是缺乏养老规划。缺乏对有质量的养老生活的追求,已成为老年人群的普遍现象。从国家的托底责任来说,2018年370亿元的养老费用中,有200多亿元用于一般性发放的高龄补贴,养老服务补贴、综合补贴等用于护理补贴方面的资金不足50亿元,这是较大的结构性缺陷。

第四,专业技能需求紧迫与供应短缺的矛盾。养老服务对于高科技辅具高度依赖,但我国专业技能体系建设滞后,标准化程度还不高,发展相对缓慢。而日本的养老高科技辅具种类丰富,老年人用的筷子就达到4000余种,轮椅有3000多种类型,护理床也是从4段到8段,价格从几千元到几十万元不等,老年人拥有极大的选择性。

第五,市场化与福利制度衔接不足的矛盾。目前,关于养老是事业还是产业仍然存在很多争论。实际上,养老是半事业半产业,养老市场肯定不可能独立于福利制度而存在,如果没有有效的福利制度提供支撑,养老市场就是一个无效市场,它只能满足最高端群体的需求。而政府只托底最贫困的那部分人,中间90%多人口的养老需求无法得到满足。要真正激活养老市场,其实是需要不断完善福利制度的。

2. 养老机构自身矛盾

(1) 养老机构失能失智照护功能发挥不足

养老机构作为集中解决失能失智老年人专业照护服务需求的场所,照护功能明显不足。其本身偏离了照护定位,它的本能之一就是更愿意先接纳那些能自理的人。另外,养老机构生存能力不足有主观原因,也有客观原因。失能失智照护能力不足方面,2020年,我国老年人口达到2.64亿人,而养老机构年末在院人数仅222.4万人,这意味着我国3.8万余家养老机构仅解决了全国0.84%的老年人的养老需求。根据第四次中国城乡老年人生活状况抽样调查的数据推算,最需要照护的失能老年人约为243.3万人,而养老机构年末在院的失能老年人只有49.1万人,可见,养老机构目前只解决了1/5失能老年人的照护需求。

(2) 占全国半数的公办养老机构还停留在保障经济困难老人

的生活层面上

2020年年末，全国1524个社会福利院和17153个农村特困人员救助供养机构（敬老院）收住老人102万人，其中特困人员79.32万人，占收住老人的78%；收住失能老人15.6万人，半失能老人25.6万人，分别占收住老人的15%和25%。也就是说，公办养老机构的服务主体仍然是经济困难的特困人员，而非失能、半失能老人。

过去10年间，全国特困供养人员减少了110万人，住在养老机构中的特困供养人员也从187.2万减少到88.3万人。现有公办养老机构仍停留在保障特困人员生活的水平上，入住率逐步下降，与高质量发展阶段养老机构的发展存在重大差距。

（3）养老机构专业人才缺乏

根据民政部举办的"全国养老护理职业技能大赛"的通报数据，截至2020年年底，全国养老机构从业人员61.5万人，其中养老护理员约32.2万人。养老服务人才数量严重不足，区域分布差异明显，多层次养老服务人才体系建设滞后。

（4）养老机构总体入住率下滑凸显运营压力

入住率下滑就是所谓空置现象加剧。根据相关统计，2010年，我国养老机构入住率为77%，到了2020年，仅为45.5%。随着老年人基数的增长，在院人数比例没有增加，绝对在院人数逐渐下降。养老机构面临巨大的运营压力。

（5）企业类型养老机构营业利润多年为负数

目前，企业类型养老机构营业利润存在较大压力，盈利困难，已逐渐成为养老机构面临的主要问题之一，也成为影响行业可持续发展能力的重要因素。

（6）城乡公办养老机构缺少有机联系，供需衔接缺少机制

城市社会福利院对农村敬老院缺少示范带动作用。我国养老服务尤其是长期照料护理服务需求迫切，但养老服务机构和企业作用尚未充分发挥。究其原因，关键在于养老服务供需匹配没有在社区管理体制中打通落实。不能精准掌握失能失智老年人情况，无论政府需要保障的基本养老服务对象，还是各种类型的市场服务，都没有进行排查，也缺少衔接失能失智供需的平台。

三、提升路径

（一）明确养老机构的龙头和轴心作用

养老机构肩负缓解贫富差距的公共服务职能，是调节贫富差距非常有力的调节器，养老机构必须将这一功能予以突出。虽然养老机构在"9073""9064"格局中所占的比例仅为3%或4%。但是，事实上，这个3%和4%是最需要重视的。养老机构能够发挥服务技术、服务标准、服务模式输出的巨大作用，以及调节贫富差距、完善公共政策。因此，可以说，无论宏观还是微观，明确养老机构的中心作用是比较重要的，不能因为96%的社区居家养老，就否定了4%的机构养老。

(二)支持养老机构的关键政策是照护保障

当前养老机构对接的有效需求不足,其根源在于缺乏照护保障制度,大量失能失智老年人因支付能力不足,不能获得所需要的照护服务。无论中国自身实践,还是日本、德国等拥有护理保险的国家,都证明,有了照护保障的依托,失能失智老年人就能够利用体系化的服务设施和接受专业化护理人员服务。目前,我国多个城市已经试行护理保险制度,其中上海、北京已取得较好效果。

(三)打通城乡公办养老机构的工作机制

打通城乡公办养老机构的工作机制,使城乡养老机构真正能够履行照护失能失智老年人的基本养老服务职能。城乡的养老机构存在福利体系上的不同和服务设施功能上的不同。城市的公办养老机构要去带动、支持乡村养老机构的发展,特别是乡村的护理型养老服务需求过于分散,如果不集中到机构中,就会产生过多的交通成本、沟通成本。我们的团队在山东德州、青岛的个别县进行了养老机构服务的相关实践,而这些实践均依托公办养老机构。公办养老机构一来设施完善,仅需改造即可,二来收住的一些养老人员能够获得相关福利津贴费用,从而减轻机构运营压力。形成体系后可布局为长期发展、经营的事业,为县域养老服务提供支撑。

(四)养老机构必须与居家社区协调发展

依托社区动态掌握失能失智老年人底数,促进养老机构供需衔接。只有依托社区才能够掌握介护、自理、积极养老、旅游、金融等老年人的真实需求。养老机构与居家社区相结合，可以说是供需的结合。老年人普遍很难找到适合自己、能够满足自身真实需求的养老机构。社会需要提供包括信息、机制等的供需对接，促使老年人找到值得信赖的机构，而这种信息，需要了解区域内老年人身体健康情况的社区支持与合作。

（五）提升机构的专业化、智能化水平

推进机构专业化、标准化和连锁化发展，提高养老机构信息化、智能化管理水平。

（六）打通社会力量助力养老机构发展的通道

养老机构有一定的使命，体现以人为本、生命伦理，需要公益力量介入，反思生命的尊严与价值。在人一生中的最后阶段，尊严和价值到底如何体现，需要公益理念和价值重新定位。对此，需要鼓励公益力量多维促进养老机构服务的高质量发展。公益力量本身需要积极参与养老服务人才培养、职场环境改善等软件建设，并且开展多种形式的交流和学习，通过经常性咨询持续推动创新。

老人心灵呵护的理论、方法与实践

方树功
老人心灵呵护方法论分享者、北京十方缘公益基金会秘书长、中国生命关怀协会常务理事

2010年,偶然的机缘,我随团队去陪伴重症、临终的老人。在这一过程中我们发现,我们在陪伴老人的同时,老人也在用生命陪伴我们。很多人到了生命的最后阶段会领悟到生命的真谛,但自己无法重新活。我们在陪伴老人的四十分钟里,感觉自己也到了暮年,对自己的生命有了很多领悟,但这之后我们还将度过几十年的生命,我们有可能重新活。因此,陪伴老人是特别好的生命教育方式,在陪伴老人的过程中,我们研究总结出一些给予老人心灵呵护的方法。今天我就从养老行业的角度给各位分享老人心灵呵护的理念、方法和实践。

一、心灵呵护专业的起源

我国人口自杀率逐年下降，已进入世界上自杀率较低的国家行列，这说明我国物质文明和精神文明建设取得了巨大进步。相反，我国老人自杀率却在不断上升，这引起了主流媒体的关注与报道。究其原因，主要集中在老人的精神需求方面。

重症、临终老人的需求主要体现在医疗护理、生活护理、社会支持和心灵呵护四个方面。医疗护理方面，我国主要由医疗系统承担；生活护理方面，主要由家政公司、子女和养老机构承担；社会支持方面，由民政系统负责；心灵呵护，目前还是空白点。

在中国，阴阳学说曾在很长的一段历史时期发挥着心灵呵护、精神慰藉的作用，但随着人类文明进步，它已不符合时代需求。因此，自己的生命将走向何方是每个重症、临终的人都会思索的问题。

二、心灵呵护理论探索

老人心灵呵护理论涉及为老服务理论、临终关怀理论和心灵呵护理论。从技术层面来说，它是为老服务技术、安宁疗护技术、心灵呵护技术的交汇处；从行业层面来说，它是为老服务行业、家政行业、医疗行业、即将诞生的安宁疗护行业（临终关怀行业）以及公益行业的交会处。

老人心灵呵护是指为老人尤其是临终老人提供不以疗愈为目的的精神慰藉，用爱与陪伴为生命服务，让每个生命感受到生命是一种存在，超越孤独、愤怒、焦虑和对死亡的恐惧。

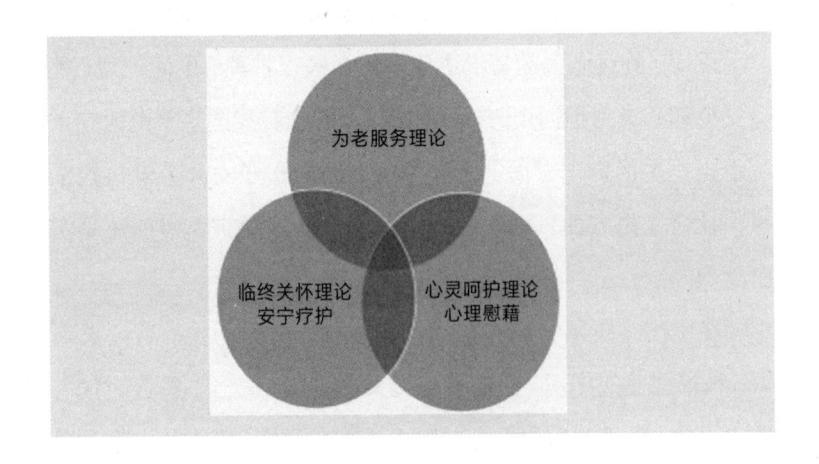

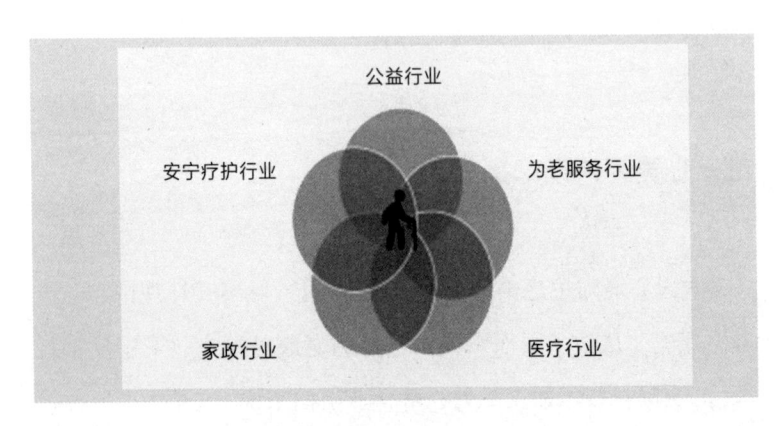

(一)对死亡的理解

在服务老人之前需明确的核心概念是死亡。这也是每个人都需要面对的,有人从年轻时开始思索,有人则到了临终时才去思索。对此,美国文学家艾略特说:"死亡教育和性教育是同等重要的大事。"人是怎样来到这个世界上的?有限的人生意义是什么?人生最后都以死亡为结局,富贵功名都化为尘土,那么人生追求还有何种意义?这是从古至今人类所面临的三大问题。苏格拉底说:"哲学就是一门为自己死亡做准备的学问。"法国著名思想家帕思卡尔说:"人是世界上最弱的一棵苇草,一缕烟、一滴水便足以杀死他,但人是一棵高贵的苇草,因为人知道自己要死亡,明白宇宙比他强大,而宇宙对此一无所知。"

对死亡的研究并非一两门学科可做到,其中涉及人生哲学、生命学、死亡学、老年学、文学、史学、社会学、医学、生物学、遗传学、科学学、养生学、达尔文进化论等。每个生命对死亡都有自己的认知,千差万别,关键是自己的认知和自己的体验是否自洽。

(二)爱与陪伴理念

经过多年实践,我发现,陪伴重症、临终老人的核心理念是爱与陪伴。爱是什么?爱并非我给老人什么,爱是全然地欣赏、接受,使其成为原本的样子。陪伴是什么?陪伴并非说待在那里,而需要身心相通,使其感觉有个生命在身边。

人都有一个规律,开心时是高频的,不开心时是低频的,低频与高频相遇，经过一定时间后会同频共振为高频。情绪低落时与孩子、宠物玩耍人会变得放松、情绪回升，就是这个道理。日本某位学者做的"米饭实验"，以及美国的霍金斯博士绘制的能量层级图，都从一定程度上说明了同频共振对陪伴对象的影响。因此，老人出现情绪低落或感到悲伤、痛苦时，单纯语言上的安慰是无力的，最核心的方法是让自己放松、宁静、祥和，成为高频的一方，对老人情绪产生积极的影响。

陪伴老人，单纯从道德要求出发是无法持续的，陪伴老人的底层逻辑是在陪伴老人过程中完成人生的蜕变。这个过程不仅是在陪伴老人，其实自己也获得了自我生命成长的可能性。每个生命都值得被尊重，每个生命都值得被看到，每个生命都需要被呵护，所以我们不分析、不评判、不下定义，就是爱与陪伴，这就是心灵呵护的"三不"原则。

三、心灵呵护的方式方法

（一）心灵呵护方式

根据不同需求有三种不同的心灵呵护方式：

第一，生命陪伴生命，用身体去陪伴。

第二，生命影响生命，用宁静祥和的状态去同频共振，给老人放松的可能性。

第三,生命唤醒生命,不再执着于老人心灵呵护的技术、方法,而是共同构建宁静祥和无念的氛围,和老人一起去探索他的认知边界。

重症、临终老人有三个精神特点:一是孤独,二是恐惧,三是迷茫。而面对这三个特点,我们需要不同的方式和方法。

感到孤独的老人认为面对死亡很孤独,临终时需要给予陪伴,使其感到有生命在身边。其中,最核心的是遵循不分析、不评价、不下定义的"三不"原则,并运用老人心灵呵护的十大技术,包括祥和注视、抚触沟通等。这种方式就是生命陪伴生命。

感到恐惧的老人对死亡充满无限恐惧,此时不能通过讲道理对其进行教育、安慰。陪伴者要先放下恐惧,保持放松。陪伴者可将"三不"原则反向运用到自己身上,以放松自己。陪伴者的平静将有助于老人恢复平静、消除恐惧。这种方式就是生命影响生命。

感到迷茫的老人在思考如何超越对死亡的认知,此时需要陪伴老人的思想,协助其超越自我思想的认知。我们把这种方法叫作"生命唤醒生命"。

(二)心灵呵护"三好"方法

运用上述方式进行心灵呵护的具体方法也有三个,称为"三好"方法。

第一,做就好。陪伴生命,进行心灵呵护,始于当下。因此要求义工、参与培训的人员和希望成为陪伴者的人从现在开始做五件事。一是每天呵护好自己的身心,保证每天有一定时间自己和自己独处。二是呵护好丈夫、妻子和孩子的心灵。三是呵护好双方父母的心灵。四是义工、员工以及亲朋好友彼此进行心灵呵护。五是利用闲暇时间去陪伴重症、临终老人。

第二,在就好。要真正陪伴好老人,实现他生命的放松和超越,陪伴者首先自己要放松。而对于如何放松,需要做出诸多努力。第一个是制定陪伴的注意事项,并按照注意事项来陪伴老人。第二个是共同确认陪伴服务的目的。若服务只是为了名利,则会增加陪伴者的焦虑感;如果发现服务也是自我生命的成长过程,那将会缓解压力。第三个是静坐,儒家强调每日独自静坐,陪伴之前也需独自静坐一会儿或集体静坐一会儿。第四个是让自己的身体放松。第五个是理性看待自己的念头。第六个是专注在一个念头上。第七个是看着自己的情绪和感觉。第八个是看到自己的看到。第九个是喜悦陪伴。第十个是让喜悦成为一种生活状态。陪伴者做到以上几点,老人便能感受到陪伴者的自然、放松、宁静,从而进入放松状态。

第三,爱就好。陪伴技术不仅靠逻辑,更依赖爱的力量,真正爱这个老人的话,自然而然就会陪伴好。在以往培养的十多万义工和从业人员中,大部分经过半年到三年的时间能够学会心灵呵护技术。我曾经对某农村养老院中的老人进行培训,这些老人大多文化水平不高,很难理解基础理论,但实践时都能够通过。原因就在于这些老人是全身心地投入其中的,他们为需要陪伴的老人提供相应的帮助,是真情实感的流露和表达。

四、心灵呵护十大技术

通过对心灵呵护技术的研究发现,全世界关于老人心灵呵护的技术约有 480 种,进行对比试验后发现,效果较好的有 108 种,而不用工具、便于普及的有 10 种,具体为祥和注视、用心倾听、同频呼吸、经典诵读、抚触沟通、音乐沟通、动态沟通、"三不技术""零极限技术"、同频共振技术。

祥和注视虽然很简单,仅仅是两个人对视几分钟,但这是勇敢者的挑战,因为需要与另一个生命的灵魂交融。此时最核心的是对自己内心的挑战,首先需要全然相信对方、接纳对方,其次要能全然接纳自己,再次需要将这些放下,与对方全然地在一起。

五、爱与陪伴社会实践

(一)心灵呵护前置条件

第一,陪伴前需要征询被陪伴者是不是需要陪伴,不考虑对象实际需求的陪伴是对生命最大的不尊重。比如,某些节日前后对养老院中的老人集中、多次进行服务的情况。因此,陪伴的前置条件是对方需要。

第二,陪伴时要真正意识到这种陪伴交流是彼此生命的成长。若仅认为陪伴是单方付出，就无法交流，同时毫无意义。只有真正意识到陪伴过程是彼此生命的成长，才可能产生生命本质的连接。

第三，也是最为关键的，陪伴者陪伴别人前需让自己处于宁静祥和、无我无念的状态中，这样才有可能陪伴好每一个生命。

（二）心灵呵护方法使用边界

心灵呵护方法起源于对重症、临终老人心灵呵护领域，我们既然可以与没有感觉、没有知觉、没有语言表达能力的人沟通，自然就可以与任何生命沟通。因此，心灵呵护可以运用到很多生活场景中，比如老人心灵呵护、年轻人心灵呵护和婴幼儿心灵呵护。最核心的是在日常生活中训练自己保持喜悦祥和的状态，最终让爱与陪伴成为一种生活方式。

让每一个生命在爱中行走，在爱中回家。

第 4 章

老龄社会，如何才能做好权益保障

老年人权益的法治保障

于建伟
中国老龄事业发展基金会理事长

《中华人民共和国老年人权益保障法》(以下简称"老年法")是 1996 年 8 月 29 日第八届全国人大常委会第二十一次会议审议通过的,是我国第一部专门维护老年人权益的综合性、基础性法律。这部法律从当时的国情出发,初步建构起了国家、社会和家庭在老年人权益保障中的责任体系。该法的颁布施行,在保障老年人权益,促进老龄事业发展,弘扬中华民族敬老、养老、助老美德等方面发挥了重要作用。

进入 21 世纪后,我国经济社会快速发展,人口结构不断变化,在老年人权益保障方面出现了许多新情况、新问题,需要在分析问题、总结经验的基础上，适时修改老年法。

第十一届全国人大常委会第三十次会议于2012年12月28日全票表决通过《中华人民共和国老年人权益保障法（修订草案）》，修订后的法律自2013年7月1日起施行。修订后的老年法从原法的6章50条增加到9章85条，其中全新的条文有38条，在原法条文基础上修改的条文有37条，原法条文没有修改的只有10条，可以说是一次全面的修改，有的常委会组成人员和专家甚至讲是一次"脱胎换骨"的修改。

2012年全面修订的老年法从我国国情出发，进一步明确了老年人的权利，进一步明确了家庭、政府和社会在老年人权益保障中的责任，充实、完善了家庭赡养与扶养、社会保障、参与社会发展等规定，新增社会服务、社会优待、宜居环境3章，强化了法律责任。

老年法的修订，为在人口老龄化背景下发展老龄事业、切实保障老年人权益做了更为妥善的制度安排，充分体现了党和国家对亿万老年人的关心和尊重，是积极应对人口老龄化的重大举措，是我国老龄事业发展史上一座新的里程碑。

老年法的修改是人大主导立法的成功实践，得到了各界的普遍好评，有关方面称这次修法是科学立法、民主立法的典范。有专家把修订后的老年法开始施行的2013年称为"中国养老元年"。

2022年，百岁高龄的一级荣誉教授邬沧萍老先生对老年法的评价如下：

是一部执政为民的法律;

是一部展示老龄事业发展成果的法律;

是一部具有中国特色的法律;

是一部科学立法,有理论性、实践性、包容性的法律;

是一部积极应对人口老龄化的法律。

笔者有幸作为本法修改起草工作团队的负责人,全程参加了老年法修订草案的起草工作。下面,笔者简要介绍一下修订过程中的一些故事,以及凝聚在法律条文中的立法精神,主要讲以下九个问题。

一、起草单位的变化

第十一届全国人大常委会(任期自 2008 年 3 月至 2013 年 3 月)立法规划提出,坚持以人为本,以改善民生为重点加强社会领域立法,从法律制度上努力使全体人民学有所教、劳有所得、病有所医、老有所养、住有所居。在立法项目上,把社会领域立法作为立法规划的重点摆在了突出位置,与当时的全国人大内务司法委员会(2018 年更名为全国人大监察和司法委员会,以下简称"内司委")有关的立法项目,如制定社会保险法、基本医疗卫生保健法、精神卫生法、社会救助法、慈善事业法、老年法(修订),这些都是一类立法项目,立法规划中明确的起草单位都是国务院。

为加快立法步伐,内司委主动请缨,经过一系列程序,最终成为老年法修订的牵头起草单位。(2011年1月24日沟通,2月21日向常委会领导汇报。3月15日向常委会领导书面请示,3月18日批示同意。)

2011年8月下旬,全国人大常委会听取和审议了老年法执法检查报告。8月30日至9月3日,内司委内务室全体同志会同民政部、全国老龄办有关部门的同志及部分专家共18位同志,集中起来正式启动老年法修订起草工作。

二、老年人及其权益

第2条 本法所称老年人是指六十周岁以上的公民。

修订过程中,有些专家和老龄工作者提出,现在生活水平越来越高,老年人比以前更加长寿,60岁的年龄标准太低了,建议将其提高到65岁。还有的专家建议将老年人作为一个动态的概念来把握,即不以具体年龄而是考虑其各方面综合因素来确定等。

修订后的老年法延续了原来的规定,将老年人的标准仍然界定为"年满六十周岁",主要基于以下考虑:

(1)人的生理状况。人的一生分为幼年、少年、青年、中年、老年这几个阶段,划分老年人的标准主要是以人的生理机能开始衰老为依据的。60岁作为老年人的起点年龄，符合我国大多数人的身体状况。

（2）同退休年龄相衔接。我国规定男60岁、女55岁为退休年龄，处级以上女领导干部和女知识分子一般也是60岁退休。为了与多数人的退休年龄相衔接，将60岁作为老年人年龄起点与我国退休制度是相适应的。

（3）符合国际通用标准。联合国世界卫生组织提出的年龄分段标准为：44岁以下为青年人；45岁至59岁为中年人；60岁至74岁为年轻的老年人；75岁至89岁为老年人；90岁以上为长寿老人。

第3条　国家保障老年人依法享有的权益。

老年人有从国家和社会获得物质帮助的权利，有享受社会服务和社会优待的权利，有参与社会发展和共享发展成果的权利。

禁止歧视、侮辱、虐待或者遗弃老年人。

第11条　老年人应当遵纪守法，履行法律规定的义务。

我国宪法规定了公民的基本权利，相关法律规定了公民在政治、经济、文化和社会生活中享有的一般权利，老年人作为国家的公民，当然地享有与其他社会成员平等的权利，如生命权、身体权、健康权、姓名权、肖像权、名誉权、隐私权等。

但由于老年阶段的生理特点，与其他社会成员相比，老年人权利的实现存在特殊困难：因为疾病和损伤，身体机能总体呈退化趋势；劳动能力减退，收入减少、医疗支出增大；生活能力减退，从外部获取照料等服务的需求增加；认知能力减退，权利被侵害的风险增大；社会角色改变，需要寻求新的自我价值实现方式。所以，国家在制度安排上体现对老年人的特殊考虑，赋予老年人特定权利，保障其共享经济社会发展成果。为保障老年人权利的实现，修订后的法律做出了一系列新的有针对性的规定。从一定意义上说，老年法也是一部人权保障法。

三、巩固家庭养老基础性地位

家庭养老是我国的传统，无论家庭结构如何变化，无论社会保障制度如何健全，家庭在养老中始终发挥着不可替代的作用，是绝大多数老年人养老的重要依靠。因此，2012年修法，针对家庭养老面临的新情况、新问题，调整、充实、细化了家庭赡养与扶养一章的内容。比如将原法"老年人养老主要依靠家庭"修改为"老年人养老以居家为基础"。进一步明确了家庭成员赡养、抚养老人的责任，特别是赡养人对老年人经济上供养、生活上照料和精神上慰藉的义务，加强了对老年人人身和财产权益的保护，建立老年人监护制度，原则规定国家建立健全家庭养老支持政策，以在新形势下巩固家庭养老的基础性地位。这里重点讲两个概念和一个法条。

概念1：赡养人。是指老年人的子女以及其他依法负有赡养义务的人。

子女包括：婚生子女、非婚生子女、养子女和依法负有赡养义务的继子女。

其他依法负有赡养义务的人,是指对于子女已经死亡或者子女无力赡养的祖父母、外祖父母,有负担能力的孙子女、外孙子女有赡养的义务。

概念2：家庭成员。是指配偶、父母、子女和其他共同生活的近亲属。

近亲属包括：配偶、父母、子女、兄弟姐妹、祖父母、外祖父母、孙子女、外孙子女。

一个法条：

第18条 家庭成员应当关心老年人的精神需求,不得忽视、冷落老年人。

与老年人分开居住的家庭成员,应当经常看望或者问候老年人。

用人单位应当按照国家有关规定保障赡养人探亲休假的权利。

对于"常回家看看"入法,社会上有较大的争议。反对者认为,将道德要求规定为法律义务,会损害法律的权威性；法律不是万能的,即使"常回家看看"能够强制执行,效果也不会太好。

支持者认为,随着我国家庭小型化和人口流动频繁化,以及现代社会普遍存在的生活节奏加快、竞争加剧、生存压力加大、个人意识增强,老年人的精神需求得不到关心的现象日益凸显,这需要在法律上做出回应；老年法具有鲜明的社会法属性,在其中加入伦理道德要求无损法律的权威性,更多体现了法律的倡导、指引和教育功能,对于弘扬中华民族敬老、孝老的传统美德具有积极意义。

立法者采纳了后一种观点,提倡和鼓励家庭成员经常看望或者问候老年人。从 2012 年 6 月全国人大常委会第一次审议修订草案到当年 12 月第二次审议,再到 2013 年 7 月上旬新法施行,"常回家看看"的规定多次引起热议,但这一条款始终没被删掉,究其原因,主要有以下几点:

一是"赡养"本来就包括物质赡养和精神赡养。"经常看望或者问候老年人"的规定,是对精神赡养的具体化。

二是现实需要。家庭小型化、人口大流动,城乡"空巢"老人越来越多,加上现代社会生活节奏加快、竞争加剧、个人意识强化,老年人的精神需求得不到关心的问题比较普遍,"出门一把锁,进门一盏灯",映照出老年人精神上的孤独,他们渴望子女精神上的慰藉。

2004 年 1 月至 10 月,天津某区法院受理的案件中,有 80 位老人提出要求子女经常看望等精神方面的诉求。

2003 年 3 月,上海 84 岁的老人沈某向法院提起诉讼,要求女儿每月定期看望她,法院判决被告每月双周的星期日看望老人一次。

三是"看望"与"问候"是并列的。2013 年 7 月 5 日,《人民日报》账号发了条微博,内容是:"'常回家看看'入法引起争议。其实,'常看望或问候老人'要求并不高,一个电话、一条短信,又何尝不是亲情的表达?老人的期待,不过一句平安,一声牵挂。明天就是周末了,回不了家的你,至少给老人打个电话吧。莫让路途疏远了亲情，莫让孝心空余悔恨。"

一个化名为"慈祥的老娘"的网友看了这条微博后说："从你短短的几句话中可以看出，你是个厚道而且对老人孝敬的人。其实对老人而言，并不要求孩子总围在身边，如今工作压力（大），他们也有家小，有的居住在遥远的外地或国外……老人只需一个电话，一句问候，心中就觉得温暖，足矣！"

四是法律与道德是相互贯通、相互支撑的。习近平总书记在纪念宪法颁行30周年大会上的讲话中指出："法律是成文的道德，道德是内心的法律。"

法律是道德的底线，守法是起码的道德。很多法律规范都是从道德和习惯而来的，哪项道德规范在什么时候上升为法律规范，要看时代需要。法律有规范、保障功能，也有教育、引导功能。老年法具有鲜明的社会法属性，更要重视发挥法律的引领、教育和促进作用，根据现实需要在其中加入"常回家看看"之类的伦理道德要求无损法律的权威性，它传递出的价值导向是积极正面的。

其实，我国有许多法律规范都具有道德和法律两重属性，比如民法典总则中规定：民事主体从事民事活动，应当遵循诚信原则，秉持诚实，恪守承诺。应当有利于节约资源、保护生态环境。不得违反法律，不得违背公序良俗。

四、完善老年人社会保障制度

习近平总书记 2021 年 2 月 26 日在十九届中央政治局第二十八次集体学习的讲话中强调，社会保障是保障和改善民生、维护社会公平、增进人民福祉的基本制度保障，是促进经济社会发展、实现广大人民群众共享改革发展成果的重要制度安排，发挥着民生保障安全网、收入分配调节器、经济运行减震器的作用，是治国安邦的大问题。

社会保障制度起源于 19 世纪末的欧洲工业社会，目前已推行到全世界大多数国家和地区。

我们党历来高度重视民生改善和社会保障，出台了一系列政策措施。党的十八大以来，党中央把社会保障体系建设摆上更加突出的位置，推动我国社会保障体系建设进入快车道。目前，我国以社会保险为主体，包括社会救助、社会福利、社会优抚等制度在内，功能完备的社会保障体系基本建成，基本医疗保险覆盖 13.6 亿人，基本养老保险覆盖近 10 亿人，是世界上规模最大的社会保障体系。这为人民创造美好生活奠定了坚实基础。

老年法的修订进一步完善了老年人社会保障制度。在总则第 5 条规定："国家建立多层次的社会保障体系，逐步提高对老年人的保障水平。"

在社会保障一章，对养老保险、医疗保险做出与社会保险法的衔接性规定，还根据老年人的特殊需要，做出一系列新规定，如长期护理、社会救助、住房照顾、老年福利、社会互助、养老待遇保障、遗赠扶养协议等，这些规定主要是解决老年人的经济供养问题的。

以长期护理为例，老年法第 30 条规定："国家逐步开展长期护理保障工作，保障老年人的护理需求。""对生活长期不能自理、经济困难的老年人，地方各级人民政府应当根据其失能程度等情况给予护理补贴。"

五、构建中国特色社会养老服务体系

加强社会养老服务体系建设，是应对人口老龄化、保障和改善民生的必然要求。随着人口老龄化、高龄化的加剧，失能、半失能老年人数量持续增长，"4-2-1"家庭结构日益普遍，空巢家庭不断增多。照料和护理问题日益突出，对社区养老服务和专业化养老机构服务的需求与日俱增。现代社会竞争激烈，生活节奏加快，中青年一代面临着工作和生活的双重压力，照护高龄、失能、半失能老年人力不从心，迫切需要通过发展社会养老服务来解决。

养老服务业是朝阳事业，有广阔的发展空间。养老服务事业的健康发展，不仅能够提高老年人的幸福指数，还可以拉动内需，扩大消费，增加就业，促进经济社会协调可持续发展。

老年法的修订在养老服务方面可以说是浓墨重彩。首先是在总则一章中规定：国家建立和完善以居家为基础、社区为依托、机构为支撑的社会养老服务体系（第5条）。

新增加的"社会服务"一章有15条，其中11条是新增条文，另外4条从原法"社会保障"一章移过来并做了较大改动，重点从发展居家养老服务、促进和规范机构养老服务、鼓励社会组织和个人为老年人服务、养老服务人才培养等方面做出规定。这里重点讲一个表述和一个法条。

一个表述：养老服务体系。

（1）老年法和"十二五"规划纲要的表述：国家建立和完善以居家为基础、社区为依托、机构为支撑的社会养老服务体系。

（2）"十三五"规划纲要的表述：建立以居家为基础、社区为依托、机构为补充的多层次养老服务体系。

（3）2019年11月，中共中央、国务院印发的《国家积极应对人口老龄化中长期规划》的表述：健全以居家为基础、社区为依托、机构充分发展、医养有机结合的多层次养老服务体系。

（4）十九届四中、五中全会决定和"十四五"规划纲要的表述：积极应对人口老龄化，加快建设居家社区机构相协调、医养康养相结合的养老服务体系。

变化最大的是关于"机构"的表述，由"机构为支撑"变为"机构为补充"，再变为"机构充分发展"，再到"居家社区机构相协调、医养康养相结合"，表述越来越科学完整，这体现了实践的发展和认识的深化。

我们认识机构在养老服务体系中的作用时，不能把"机构"

仅理解为养老机构,也不能仅从入住养老机构的老年人数量来看机构的作用。

第一,"机构"除养老机构外,还包括为老服务的医疗机构、教育机构(如老年大学)、社区养老服务中心等各类涉老机构。

第二,目前入住养老机构的老人虽然仅占老年人总数的2%左右,但其中多为高龄、失能、失智、空巢老人,总体而言,他们对专业化机构养老服务的需求是刚需。

第三,未来会有越来越多的养老机构的服务延伸至社区和家庭,为居家的失能老人所设的家庭病床也需要机构专业化的上门服务。数千万高龄、失能、失智老人将越来越依赖机构的专业化服务。

一个法条:

第40条 地方各级人民政府和有关部门应当按照老年人口比例及分布情况,将养老服务设施建设纳入城乡规划和土地利用总体规划,统筹安排养老服务设施建设用地及所需物资。

非营利性养老服务设施用地,可以依法使用国有划拨土地或者农民集体所有的土地。

养老服务设施用地,非经法定程序不得改变用途。

2012年修法以前,有很多小区对小学、幼儿园都是有规划的,但很少规划养老设施。随着人口老龄化的发展,社区里的老人越来越多,在一些老旧社区,老年人占比很高,如果还是不把养老设施纳入规划,那就非常不合理了。老年法第40条的规定针对性很强,也有一定的刚性。按照这一条的规定,地方各级人民政府和有关部门应当按照老年人口的比例及分布情况,将养老服务设施建设纳入规划,并且还要纳入土地利用的总体规划。非营利性养老服务设施用地,可以依法使用国有划拨土地或者农民集体所有的土地。为了避免有的企业以养老的名义划拨或低价拿到土地以后,去搞房地产开发牟取暴利,第 40 条第 3 款规定：养老服务设施用地非经法定程序不得改变用途。

六、专章规定老年宜居环境建设

老年人由于生理功能和认知能力的退化,对公共环境和居家环境的要求与年轻人有很大差异。老年宜居环境,主要是指环境规划和建设应当符合老龄化发展要求,适应规模日益庞大的老年人口对城乡规划、公共基础设施、社区环境以及家居住宅等的通用性和特殊性需要,为老年人日常生活和参与社会创造安全、便利、舒适的环境。老龄化程度较高的发达国家都非常重视老年宜居环境建设。我国在这方面还没引起足够重视,在城乡规划和建设中,有不少不便利老年人的环境缺陷。

针对存在的问题,修订后的老年法新增宜居环境一章,从总体要求、城乡规划、涉老工程建设标准、无障碍建设、宜居社区建设等方面做出具有一定前瞻性的制度安排,这对于增强全社会老年宜居环境意识,加强宜居环境建设,赢得应对深度老龄化的战略先机具有重要意义。

把宜居环境单写一章的目的,就是要让各级领导、规划部门、开发商都意识到我国已经进入老龄社会了，我们建楼房、修道路等，都要考虑到方便老人的问题。这一章虽然只有 5 条，但每条都有很强的针对性和适用性。

比如第 61 条规定：各级人民政府在制定城乡规划时，应当根据人口老龄化发展趋势、老年人口分布和老年人的特点，统筹考虑适合老年人的公共基础设施、生活服务设施、医疗卫生设施和文化体育设施建设。这条规定为加强老年宜居环境建设提供了有力的规划保障。

七、促进老年人参与社会发展

老年群体是一个巨大的人力资源宝库。随着老年群体的不断扩大、寿命的不断延长、整体素质的不断提高，发挥老年人的作用显得越来越重要。老年人一方面期盼得到政府和社会更多的关心和帮助，另一方面也有"老有所为"的强烈愿望。他们积极传授科学文化知识、教育青少年、参与社会管理和社区服务，发挥着不可替代的作用。

参与社会发展既是老年人的一项基本权益，也是实现老年人其他权益的重要途径。参与社会发展一章规定，国家和社会应当重视、珍惜老年人的知识、技能、经验和优良品德，发挥老年人的专长和作用，保障老年人参与经济、政治、文化和社会生活。鼓励老年人在自愿和量力的情况下从事有益于社会的活动，老年人可以通过老年人组织开展有益身心健康的活动,在制定涉及老年人权益的法律法规和政策时,应当听取老年人和老年人组织的意见。还对老年人劳动保护以及发展老年教育做了规定。

《中共中央 国务院关于加强新时代老龄工作的意见》指出,把老有所为同老有所养结合起来,完善就业、志愿服务、社区治理等政策措施,充分发挥低龄老年人作用。鼓励各地建立老年人才信息库,为有劳动意愿的老年人提供职业介绍、职业技能培训和创新创业指导服务。深入开展"银龄行动",引导老年人以志愿服务形式积极参与基层民主监督、移风易俗、民事调解、文教卫生等活动。发挥老年人在家庭教育、家风传承等方面的积极作用。全面清理阻碍老年人继续发挥作用的不合理规定。

八、弘扬中华民族敬老、养老、助老的美德

弘扬中华民族敬老、养老、助老的美德是老年法的立法宗旨,修订后的法律通篇都体现了这一宗旨。

比如老年法第8条规定:全社会应当广泛开展敬老、养老、助老宣传教育活动,树立尊重、关心、帮助老年人的社会风尚。青少年组织、学校和幼儿园应当对青少年和儿童进行敬老、养老、助老的道德教育和维护老年人合法权益的法治教育。广播、电影、电视、报刊、网络等应当反映老年人的生活,开展维护老年人合法权益的宣传,为老年人服务。

修订后的老年法特别新设一个节日——老年节。第 12 条规定：每年农历九月初九为老年节。

农历九月初九为重阳节，"九"与"久"谐音，寓意长长久久，有长久、长寿之意，秋季也是收获的黄金季节。在重阳节这一天登高、祭祖、敬老是传统民俗，将重阳节作为我国法定的老年节具有深厚的文化底蕴和民意基础。

在老年法修订过程中，草案（过程稿）曾有"每年农历九月初九为敬老节"的表述，后来将"敬老节"改为"老年节"，主要考虑：一是我国"妇女节""青年节""儿童节""教师节"等节日都是以主体命名的；二是敬老不应当是重阳节一天的事情。

"老年节"的设立，充分体现了国家对老年人的尊重，有利于引起全社会对老年人的关注，对弘扬中华民族传统文化和敬老美德具有重要意义。

修订后的法律还设专章规定老年人优待制度，倡导全社会优待老年人。在社会优待一章规定了政务服务优待、维权服务优待、医疗服务优待、生活服务优待、文体休闲优待、农村筹劳优待等，并确立"对常住在本行政区域内的外埠老年人给予同等优待"的原则，这是一个重大突破。

九、积极应对人口老龄化的战略定位

老年法第 4 条规定："积极应对人口老龄化是国家的一项长

期战略任务。""国家和社会应当采取措施,健全保障老年人权益的各项制度,逐步改善保障老年人生活、健康、安全以及参与社会发展的条件,实现老有所养、老有所医、老有所为、老有所学、老有所乐。"

(1)人口老龄化是指老年人口在总人口中所占比例不断提高,少儿和中青年所占比例相对减少的动态过程。

1956年联合国《人口老龄化及其社会经济后果》确定:当一个国家或地区65岁及以上老年人口数量占总人口比例超过7%时,则意味着这个国家或地区进入老龄化。

1982年维也纳老龄问题世界大会确定:60岁及以上老年人口占总人口比例超过10%,意味着这个国家或地区进入老龄化。

自19世纪60年代法国最早步入老龄化以来,发达国家一直领跑老龄化进程。20世纪六七十年代,发达国家已全部进入老龄化行列,一些发展中国家也陆续走向人口老龄化。

人口老龄化在20世纪开始为人瞩目,进入21世纪,"银发浪潮"已经席卷全球。根据联合国预测,到2099年,全球192个国家和地区的人口结构都将变成老年型。人口老龄化给很多国家的经济社会发展带来极大影响,引发财政失衡、劳动力短缺等问题,一些国家的高福利制度也受到考验。

(2)我国人口老龄化的形势。

1999年,我国60岁以上老年人口占全国总人口的10%,进入老龄化社会,是世界上较早进入老龄化社会的发展中大国。此后,我国人口老龄化快速发展,60岁以上老年人口从1999年的

1.2 亿增加到 2020 年 11 月 1 日零时的 2.64 亿，占全国总人口的比例从 1999 年的 10% 上升到 2020 年 11 月 1 日零时的 18.7%。预计 2025 年超 3 亿，2033 年超 4 亿，2050 年接近 5 亿，约占总人口的 35%，老年人口数量和占总人口比例双双达到峰值，成为世界上老龄化程度最重的国家之一。

从 21 世纪中叶到 21 世纪末，我国人口老龄化水平将一直维持在 30% 以上的重度老龄化。这意味着，人口老龄化是贯穿我国 21 世纪的基本国情。

我国人口老龄化有与其他国家共性的趋势，如家庭小型化、高龄少子化等；也有许多独特性，如老年人口基数大、在全球占比高，人口老龄化的速度快、区域不均衡，高龄老人和失能老人多，空巢化和独居化加剧，等等。

（3）党和国家高度重视、积极应对人口老龄化。

人口是国家发展的基础性、全局性、长期性和战略性要素。人口的规模、结构、素质等要素是国家发展的本源，合理的人口规模、结构和良好的人口素质能够为经济社会高质量发展提供强有力、可持续的人力资源支撑。当前我国人口国情的新态势是：

人口规模增幅减缓，人口结构快速老化，人口素质逐步提升。

2000 年印发的《中共中央 国务院关于加强老龄工作的决定》（中发〔2000〕13 号）指出：老龄问题涉及政治、经济、文化和社会生活等诸多领域，是关系国计民生和国家长治久安的一个重大社会问题。全党全社会必须从改革、发展、稳定的大局出发，高度重视和切实加强老龄工作。

党的十八大以来，国家相继出台了数以百计的政策文件。

2017年，党的十九大报告强调：促进生育政策和相关经济社会政策配套衔接，加强人口发展战略研究。积极应对人口老龄化，构建养老、孝老、敬老政策体系和社会环境，推进医养结合，加快老龄事业和产业发展。

2019年，中共中央、国务院印发《国家积极应对人口老龄化中长期规划》（以下简称《规划》）。《规划》指出，人口老龄化对经济运行全领域、社会建设各环节、社会文化多方面乃至国家综合实力和国际竞争力都具有深远影响。《规划》提出五条重大举措：

一是夯实应对人口老龄化的社会财富储备。

二是改善人口老龄化背景下的劳动力有效供给。

三是打造高质量的为老服务和产品供给体系。

四是强化应对人口老龄化的科技创新能力。

五是构建养老、孝老、敬老的社会环境。

十九届五中全会明确提出：实施积极应对人口老龄化国家战略。五中全会通过的"十四五"规划和2035年远景目标建议指出：制定人口长期发展战略，优化生育政策，增强生育政策包容性，提高优生优育服务水平，发展普惠托育服务体系，降低生育、养育、教育成本，促进人口长期均衡发展，提高人口素质。积极开发老龄人力资源，发展银发经济。推动养老事业和养老产业协同发展，健全基本养老服务体系，发展普惠型养老服务和互助型养老，支持家庭承担养老功能，培育养老新业态，构建居家社区机构相协调、医养康养相结合的养老服务体系，健全养老服务综合监管制度。

2021年11月，《中共中央 国务院关于加强新时代老龄工作的意见》（以下简称《意见》）强调：将老龄事业发展纳入统筹推进"五位一体"总体布局和协调推进"四个全面"战略布局，实施积极应对人口老龄化国家战略，把积极老龄观、健康老龄化理念融入经济社会发展全过程。

《意见》是党中央科学研判我国人口老龄化新态势、深刻分析我国经济社会发展新形势、审时度势做出的战略部署，具有重大而深远的意义。

从20世纪90年代延续至今的长期超低生育水平和不断提高的人均预期寿命，使得我国的老龄化速度远快于西方发达国家，并由此对我国经济发展和民生保障产生远大于西方发达国家的压力，应对老龄化的任务更加艰巨。与此同时，我国又具有大多数国家所不具备的制度优势和文化优势，党的领导坚强有力，孝亲敬老得以弘扬，人民勤劳质朴，社会长期稳定，加上科学技术快速发展的助力和支撑，我们应该有信心通过实施积极应对人口老龄化国家战略，走出一条成功应对老龄化的中国道路，如期建成富强民主文明和谐美丽的社会主义现代化强国，从根本上保障老年人权益。

意定监护制度的理解适用与信托实践

左君超

法学博士，国投泰康信托有限公司研究员，南开大学经济学院博士后

一、意定监护[1]制度的透视

（一）法定监护的本质

法定监护是生活中最常见的监护形式之一，首先需要依照法定程序对某人的行为能力进行评价：若行为能力不足，本人无法独立做出具有法律意义的决定，则需指定监护人来替他做出决定；监护人代理本人做出法律决定，负有保护被监护人的职责。

---

[1] 本文主要讨论成年心智障碍者的监护制度，下文如无特别说明皆指成年人监护。

法定监护中，监护人秉承"家父主义"直接替代被监护人做决定，故法定监护在理论上被称为"替代决定"，呈现出以下特征：一是先剥夺或限制本人的行为能力；二是由本人以外的人来替代做出决定；三是替代决定时按照客观最有利于被监护人的原则进行。法定监护的最大弊端是忽视了被监护人本人的意愿和偏好。20世纪70年代起，世界各国掀起了监护制度改革的潮流。

我国《民法典》第34条规定：监护人的职责是代理被监护人实施民事法律行为，保护被监护人的人身权利、财产权利以及其他合法权益等。简言之，监护人具有代理和保护两项职责。法定监护是监护人对被监护人各类事务大包大揽的职责，行使监护权即概括地代理和保护。对被监护人而言，监护的法律后果有二：一是被剥夺全部或部分的行为能力，二是全部或部分事务由监护人替代决定。

另外需澄清的是，监护人只是替代本人做决定的人，并非扶养或赡养义务人和事实照顾人。传统生活场景中，监护人通常是父母、家庭成员或近亲属，而父母和家庭成员同时具有赡养扶助义务，监护和赡养扶助存在于同一人或同一段家庭关系中，常无区分之必要。如果监护和赡养扶助等义务相分离，比如无子女的老年人由民政局、村委会或居委会担任监护人，或子女在海外的老年人由其他近亲属担任监护人，此时监护人的职责仅是替代本人做出法律上的决定，监护人并无抚养、赡养或事实照顾的法定义务。

(二)从持久代理权到我国意定监护

制度改革中,持久代理权授予制度首先出现在 1954 年美国弗吉尼亚州的代理权法。1964 年美国《统一小额财产持久代理权法(MSPA)》采用了持久代理权制度,该法规定,经司法批准后持久代理人可以根据协议约定管理本人的人身和财产事务。1969 年的美国《统一遗嘱检验法(UPC)》对持久代理权进行了修正,删去了司法批准的要求。1979 年,联邦推出了《统一持久代理权法(UDPOAA)》,该法所确定的持久代理制度范本为英美法系各国和地区立法所借鉴。在美国法体系中,持久代理权、医疗预嘱和信托共同成为取代法定监护的措施。因此,持久代理权实质上是以本人失能前预先安排,取代未来法定监护的适用,打破法定监护的垄断地位。

大陆法系国家中,首先对成年监护制度进行改革的是德国。德国自 1992 年起,成年监护制度的改革路径如下:首先是废除禁治产制度,以辅助取代监护;其次是通过法律解释引入了英美法上的持久代理权制度,称之为"Vorsorgevollmacht",旨在替代法定监护;最后,引入了法院介入受辅助人重大医疗事务的规则。2009 年,又整合了《家事事务及非讼程序法》,进一步完善了成年辅助制度。德国法与英国法相同,都十分强调法院对持久代理权的介入和监督。而瑞士成年监护法改革时,则采取了行政权介入的方式,由"成年人保护局"全程介入持久代理权的生效、履行和终止。

至此,尽管持久代理权制度中的公权力介入程度不断加深,但其目的依然是取代法定监护。而日本在引入该制度时，则改变了持久代理权与监护的概念关系。2000年，日本《任意后见契约法》将持久代理权表述为"任意后见（意定监护）"。当时的日本立法者受第二代持久代理权理念的影响，强调公权力的监督，同时为了与意定代理区分，又突出监护制度的保护目的，故命名为"任意后见"。日本的这一做法，将原本与成年人法定监护平行的、作为监护替代措施的持久代理权，纳入了成年监护的范畴，与成年法定监护共同组成了广义的成年监护概念，这对东亚成年监护法学产生了重大影响。自日本后，韩国、中国等地的学者逐渐将"持久代理权"与"意定监护"混用，互相指代。

（三）意定监护的本质

意定监护的本质是代理和委托关系。本人（未来的被监护人）就未来的人身和财产事务做出预先安排，由受托人（未来的意定监护人）遵照本人意愿进行处理；未做出预先指示的事务，可授予意定监护人概括的兜底的代理权。我国《民法典》第33条规定：具有完全民事行为能力的成年人，可以与其近亲属、其他愿意担任监护人的个人或者组织事先协商，以书面形式确定自己的监护人，在自己丧失或者部分丧失民事行为能力时，由该监护人履行监护职责。意定监护协议是附条件生效的协议，协议主体之间的权利义务均由当事人按照意思自治的原则自行约定。对意定监护人而言，其主要的义务有以下几项：一是协议约定的代理和受托义务；二是防御性的保护义务，比如正当防卫、紧急避险等；三是附随义务，如身心关照义务（不等于事实照顾）、善良管理人的注意义务和代理的禁止行为等。

二、意定监护的理念和制度目的

意定监护的目的是保障自我决定权，确保成年人能按照自己的意愿度过失能失智后的生活。人体机能的丧失不是一瞬间的，而是伴随衰老逐渐丧失的。意定监护人协助被监护人执行先前决定、做决定，这是运用本人能力进行自我决定的一种方式。尊重自我决定有三层含义：第一层是尊重本人在意思能力受损前的自我决定；第二层是尊重本人在意思能力受损后，独立或受协助下做出的决定；第三层是本人意思能力受损后，对其一以贯之的价值观、偏好的尊重。

三、意定监护制度的理解与适用

（一）意定监护制度中的分权

按照霍菲尔德的权利分析理论，监护实际上是一种权力（power），是对他人的支配力。在意定监护运行过程中，需防止权力过于集中，防止权力滥用。监护权力集中的优点是能够提高监护决定的效率，同时节省监护人履职中的各项成本。但是，当监护人的权力过于集中时，极易导致监护人对被监护人的过度控制和利益侵害。设立意定监护时，可以将不同的事务委任给不同的人，各意定监护人对自己负责的事项独立履职，也可以多名监护人共同履职并约定决议机制。任命多名意定监护人,可充分发挥不同意定监护人的优势和特长，在家庭规模缩小、传统家庭功能社会化的当下，更具有实践意义。比如由监护社会组织、社工、居委会等负责人身事务的监护，由医疗咨询、临终关怀等机构负责医疗事务的监护，由信托公司进行财产监护等。

（二）监护事务的细化

多名监护人的权力分配，域外的立法不尽相同，主要做法是对监护事务进行穷举，以便于多名监护人进行分工。其中，英美法是穷举式的监护事务列举。比如英国的《意思能力法》将监护事务分为了人身福利和财产相关两大类，两大类下列举了十余个细项。同时还列举了监护人权力的禁止事项，如禁止监护人代替本人缔结婚姻或民事伴侣关系，禁止监护人代替本人决定发生性行为等人身类事项。由于立法模式不同，英美法系国家的判例可源源不断地完善和补充法律，整体上英美法国家列举的监护事项会比较零散，其优势在于保持开放和更新。德国是成文法国家，在穷举的基础上进行了一定的归纳和抽象，使之与民法体系保持协调一致。日本立法中比较有特色的是撤销权，日本的成年被监护人做出法律行为时，原则上需得到监护人的同意，若监护人没有同意,行为也有效,但监护人可行使撤销权。通过增加监护人行权的成本和负担,一定程度上限制了监护人事无巨细地介入被监护人生活的可能性,也保障了被监护人日常生活中的自主决定。

(三)意定监护制度详解

第一,意定监护人的委任规则。本人可委任一名以上的意定监护人,约定由他们联合、同时或单独履职,或者依顺序替补。同时,可以就不同事务进行分别委任,例如一人负责经济和财产事务,另一人负责健康、福利和其他个人事务。也可以约定,通常情况下一名意定监护人便可独立做出决定,但重大事务必须由多名意定监护人形成一致意见。此外,委任一名或多名意定监护人,可约定履职的先后次序,以预防单一意定监护人未来无法履职或辞任的情况。

第二,意定监护和法定监护的适用顺序。从法理上看,意定监护优先于法定监护,原理在于意定监护是按照自己意愿指定未来的监护人,规划相应的监护事务。法定监护是本人没有提前规划,在失能之后,法律按照一定程序替本人选择法定监护人,其默认前提有两个:一是有法定监护人,二是法定监护人积极追求本人的最大利益。法律推定的前提不一定成立,因而本人在失能失智前按自己的意愿设立意定监护,选择信任之人担任未来的监护人,应优先。目前,监护制度改革的总趋势是更多体现个人意愿和保障自我决定权,具体的体现是把替代决定(法定监护)

作为最后的保底措施,把法定监护人替代本人做决定的事项范围压缩到最小。而当意定监护人和法定监护人在某项事务上履职冲突时,也是意定监护人优先,本质上还是尊重本人意愿。

第三,意定监护代理权滥用的预防。一方面需要设立监护监督人,对意定监护人履职进行监督;另一方面建议进行公证,公证员对各方的意思表示是否真实进行审查,确认意定监护的方案和各方权利义务,增强意定监护人的使命感。

第四,意定监护并未突破人身不可代理的原理。一方面在于,涉及人身的医疗决定事务不可代理,但意定监护人受托执行本人失能前的意愿和决定,并不与人身事务不可代理相冲突。监护人做出的医疗决定也非代理,而是监护人出于为被监护人最大利益而做出的保护行为。另一方面在于,遗嘱是被继承人生前对死亡后的人身、财产事务的安排,被继承人生前的意愿延伸至死亡后生效。同理,意定监护是本人失能失智前对自己人身、财产事务的安排,该意愿延伸至失能失智后生效。

第五,《民法典》委托合同的相关规定并未涵盖第33条。因《民法典》第464条规定,婚姻、收养、监护等有关身份关系的协议,适用有关该身份关系的法律规定;没有规定的,可以根据其性质参照适用本编规定。故意定监护首先适用的法律条款是第33条,不过由于意定监护条款较为单薄,缺乏配套制度,目前可参照适用委托合同的相关规定。

第六,最有利于被监护人原则和尊重真实意愿的序位。《民法典》中涉及成年人监护的法律原则仅有一个,即"最有利于被监护人原则",不过也多次提到了"尊重被监护人真实意愿"的表述。两者的序位如何?从含义上来讲,"最有利原则"是监护人以客观第三人的角度来评判利弊,进而做出决定;"尊重被监护人的真实意愿"则是尊重本人的主观意愿。意愿是本人的愿望和期待,真实意愿是不受药物、疾病等因素的影响,能够体现出本人一以贯之的、连续的、符合逻辑的价值判断。本人真实意愿未必与最大利益相符合,若要调和二者,则需将本人真实意愿作为最大利益的第一层含义,客观最大利益作为第二层含义,从而确立本人真实意愿的优先序位。

至此,我们可能会产生一个疑问,就是如何尊重被监护人的真实意愿?"真实意愿"未必具体要求到被监护人做出一个符合法律形式的意思表示或缔结一份无瑕疵的合同,这种要求显然过于苛刻且难以实现;只要求监护人能判断出这是被监护人的真实意愿,即该意愿是被监护人不受药物、疾病等消极因素影响下表达的,比较符合其价值观的、连续的想法。而后,由监护人协助被监护人将这个真实意愿付诸实践;以此做到,监护人履职时以被监护人的真实意愿为中心。法条中说的"最大程度尊重",则是要求监护人尽力探求被监护人的真实意愿,包括咨询本人的意见、询问意愿和爱好、尽力了解本人的价值观等。

实际上,无论是意定监护还是法定监护,当本人失能失智的程度较为严重时,监护人可能无法获得任何可表达出来的意愿,此时监护人替代被监护人做决定不可避免。因而,监护中的替代决定是必要的,但一定是不得已而为之的最后手段。因此,在设立意定监护时，除了就人身、财产和医疗等事项做出具体的指示外，还应考虑是否授予意定监护人兜底的概括性授权，以防列举的具体事务安排存在疏漏。

四、意定监护的信托实践

意定监护解决了无人监护的情况，将本人的意愿延伸到失能失智之后，避免了法定监护人"家长霸权"的弊端。尤其对于缺乏法定监护人的家庭，它避免了家庭财产无法灵活地运用于家庭成员的僵局。而信托与意定监护的协同应用，则为财产管理提供了更优的解决方案，同时避免了权力过度集中于意定监护人，也减轻了意定监护人的负担。

国内最早尝试的意定监护信托结构比较简单。信托的目的是为受益人提供教育、医疗、康复、就业、日常照料、养育等方面的生活所需。首先，委托人把财产交付给信托公司，设立监护信托，受益人为委托人本人，委托人失能失智之前自行向信托公司发出指令；其次，当委托人失能失智之后，由委托人的监护人进行人身事务监护，由信托公司按合同约定向受益人分配信托利益；第三，若遇到突发疾病等需要临时支出的情况，由监护人发出指令，进行临时分配。

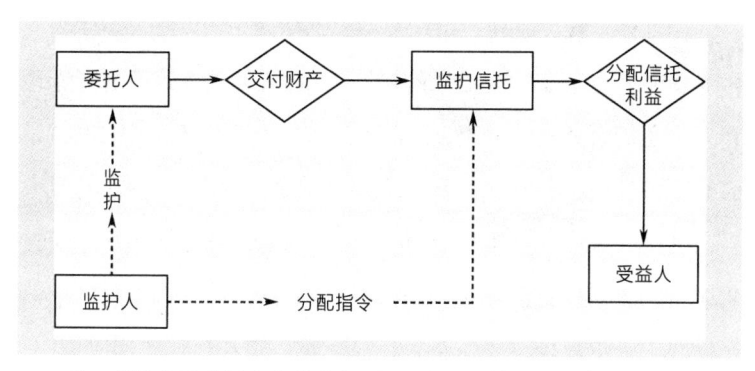

```
委托人 ──交付财产──> 监护信托 ──分配信托利益──> 受益人
  ↑                      ↑
  监护                    │
  │                      │
 监护人 ────分配指令──────┘
```

注：虚线表示委托人失能失智后，监护人开始履行职责

2023年6月1日，信托行业新的业务"三分类"生效，服务信托的其中一个业务品种叫"特殊需要信托"，其定义为：信托公司接受单一自然人委托，或者接受单一自然人及其亲属共同委托，以满足和服务特定受益人的生活需求为主要信托目的，管理处分信托财产。结合现有设立信托的案例，特殊需要信托的主要业务特征有以下几点：首先，委托人基于对受托人的信任，以满足特定受益人的生活为主要信托目的设立特殊需要信托。其次，委托人将财产转移至信托，受托人遵照委托人的意愿，接受委托人的指令，按照信托目的管理并处分信托财产，满足受益人的日常生活、教育、养老、照护、康复、医疗等多元化需求。第三，受益人的身心健康处于动态变化中，委托人需要视变化情况而做出受益分配调整。第四，需由专业机构提供服务，满足受益人的生活需求。第五，委托人通过监护安排，做好自己失能失智的预防措施，即由未来的监护人担任信托的替补指令权人。

在这一实践模式中,信托具备财产管理、风险隔离、代为支付等功能。意定监护与信托的协同应用,实际上就是把财产管理和人身监护事务进行分离,防止监护人的权力过于集中,也就是前面所讲的监护分权。人身监护人负责做出有关人身照护、服务机构选择和医疗康养等决定,信托公司依照信托合同的约定支付相应费用。在意定监护中,通常建议设立监护监督人角色;在信托设立中,也建议设立监察人;在意定监护和信托协同应用中,监护监督人可以同时担任信托监察人,从而提升整个意定监护运行效果。如果约定了意定监护人的报酬由信托财产支付,则该报酬支付应由监察人确认。

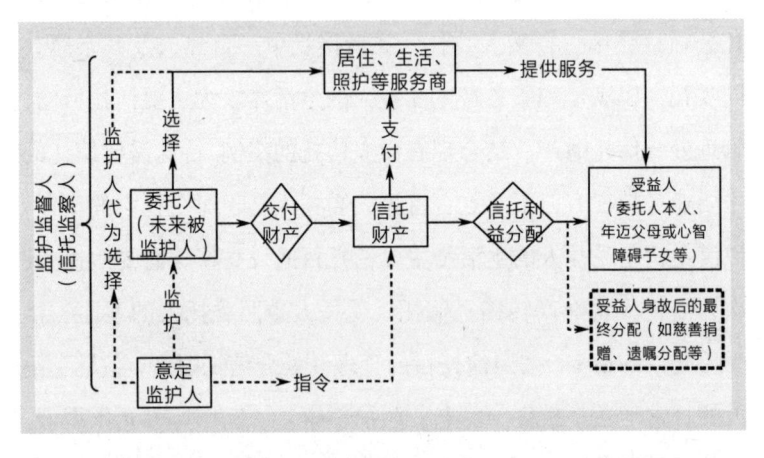

注:虚线表示委托人失能失智后,意定监护人开始履行职责,受益人身故后的剩余财产为"或有"

当前,公众对于特殊需要信托、意定监护与信托协同应用的认知还存在不足;在商业逻辑中,仍有一些薄弱环节,比如社会监护人、服务供应商的缺乏等；商业模式并没有大面积铺开，很多潜在客群仍然处于观望态度。未来，随着社会监护组织、公共监护组织和周边商业服务的建设进一步完善，上述方案就能够形成闭环，更多群体能从中获益。从配套制度上看，意定监护与信托的协同应用，其中的权利、义务、责任、信义规则等边界，仍需要进一步厘清，民事与商事制度还需进一步融合。从认知上看，信托从业人员也需要打破既有的思维定式，以服务信托的展业逻辑创新设计服务模式。从受托管理上看，这类信托存续周期长、管理内容复杂，随着业务规模的扩大及后端服务资源的接入，信息和数据量也会随之增长，需要较高的信息化管理水平。从受众人群来看，依据特需人群的年龄分布、服务需求的不同，此类信托业务的差异化显著，短期难以形成规模化和可复制模式。从盈利方面看，信托公司收入方式及依据，合规性与合理性均待逐步完善和论证，盈利模式的不确定性直接影响信托公司的业务投入与布局。

意定监护公证——上海积极应对老龄化的司法实践

李辰阳

上海市普陀公证处公证员、中国意定监护领域之先锋者

一、上海为何成为意定监护制度的先行实践区

（一）沪籍人口超老龄化

根据相关学术研究和统计数据，上海自 1979 年就进入了老龄化社会。目前，从学者研究角度，上海的老龄化属于超老龄化，比深度老龄化更严重：截至 2022 年 12 月 31 日，上海全市户籍人口为 1505.19 万人，60 岁及以上老年人口 553.66 万人，占总人口的 36.8%。上海市民政局每年都会发布全市老年人口的数据，数据显示老龄化程度逐年加剧，部分区县老龄化的比重已接

近45%,预计2030年—2035年,上海超老龄化程度将达到顶峰。因此,作为积极应对老龄化的法律工具和法律安排,具有未雨绸缪兼有自我救助功能的意定监护逐渐进入大众视野。可以说,上海成为意定监护的先行实践区是和城市人口老龄化密切相关的。

(二)人员流动:外省人流进,沪籍人移出

上海人员流动的特点之一是外省人流进,沪籍人移出。同时,上海作为一个国际性城市,港澳台及外籍人员集中。那么,这样的人口迁移流动特点会对意定监护制度有怎样的影响呢?中国传统的乡土社会是熟人社会,在计划经济时代,由国家统一安排个人家庭未来的养老及各种家庭福利是理所当然的做法。但从计划经济转化到市场经济之后,中国的社会形态逐渐从熟人社会转变为陌生人社会。这种社会状态在日本被称作"无缘社会",即离开了血缘、故土的亲缘。上海有大量的外来人口,他们离开家乡只身在上海工作生活,没有亲人和朋友。那么,当他们孤立无助时应该怎么办?

据本单位的数据统计,目前,非上海户籍委托人(包括港澳台和外籍人士)办理意定监护公证的比重已达34%,且呈现逐年上升的趋势。特别是在疫情之后,除孤寡老人外,那些子女在国外的留守老人对意定监护的需求均有所增加。越来越多的人开始意识到,无论是有突发事件还是老人有紧急的要求,身处异地的子女无法就近履行监护职责,因此疫情之后有大量的在外子女为居住在上海的父母询问,是否有社会监护组织或能否委托非亲

属作为自己父母的监护人。

（三）海派文化的多元包容与契约精神

上海作为改革开放较早的城市之一，呈现出海派多元的文化特点。在面对新生的、非中国本土的法律制度——意定监护时，比较容易接纳。与内陆地区或一些传统家庭文化浓郁的地区相比，上海本地的老人或中青年人对于意定监护制度的接纳速度较快，不会认为这是不孝或不赡养老人的表现。

另外，上海在城市发展历程中形成了良好的契约精神社会氛围——守规矩、讲契约，这也使得意定监护在上海本土，无论是年轻人还是老年人都比较容易接受。高度的城市化发展背景下，人与人之间往往保持独立，由此也会形成尽量不麻烦他人的文化。但人不能不服老，这种情况下，为了不麻烦他人，不让他人受到亲属的责难和误解，就需要通过法律程序来保护自己和他人。

此外，不婚不育、丁克等现象在上海等一线城市呈现逐渐蔓延的状态，年轻人的婚姻观、生育观已经发生了重大的变化。因此，积极应对老龄化，除意定监护制度的进一步强化外，生育制度也需做出一定的调整。

（四）地方立法与司法支持

上海对意定监护制度的地方立法、司法支持工作也走在前面。2016年《上海市老年人权益保障条例》第18条规定，老人为自己确定监护人，可以公证等方式予以明确。2019年上海市公证协会颁布了全国首个公证机构办理涉意定监护类公证的指导意见。2020年8月24日，全国首家以社会监护服务为业务范围的社会组织——上海市闵行区尽善社会监护服务中心成立，为我国意定监护的发展起到表率作用。2021年3月，《上海市养老服务条例》颁布，在法律条款中特别增加了"本市支持专业性的社会组织依法为有需要的老年人担任监护人或者提供相关服务"一则。这一地方性条例，为社会监护组织的成立提供了又一法律依据。

此外，上海的基层法院已审理了多起意定监护、监护监督案件，其中，多起案件被选编为最高人民法院的典型案例，在全国予以推广。这些案件大多数都是支持意定监护优于法定监护的——支持意定监护人、老人事先委托的监护人，在老人失智之后，法院支持他们作为老人的监护人。

（五）成年监护研究与社会服务机构多样性

在上海，成年监护法律制度或成年监护相关的社会福利研究氛围比较浓厚，多个成年监护相关的国际会议或国内论坛均在沪举办。比如，2019年，第四届"亚洲成年监护法"国际会议在上海举办。在此次大会上，这些国家或地区分享交流了他们在成年监护法律制度和社会监护方面的经验，对上海的意定监护司法实践者有很大的借鉴意义。

此外，上海因金融业比较发达，私人财富行业、信托保险业的客户们，特别是婚姻家事案件的当事人，对于意定监护的需求远超想象。因此,目前积极推动意定监护发展的除婚姻家事律师外,信托、保险、私人理财行业也在积极介入,这与意定监护(包括遗嘱、遗产管理)有利于推动其业务发展密切相关。

另外,上海本土的一些涉老组织相当活跃,关注的群体类型丰富,如孤独症家长群体等。

(六)媒体宣传

除了浓厚研究氛围,在意定监护等社会制度发展过程中,媒体宣传方面也很重要。令人欣喜的是上海地方媒体,对于热点新闻事件多角度的频繁报道,亦可以促进社会公众对于意定监护的认识与了解。如2022年春,一场名为"来信"的遗物展,就是意定监护结合遗赠扶养,在老人去世之后对其遗物整理后所做的展览。这场遗物展引发媒体争相报道,间接推广了生前整理、意定监护及遗嘱等,启发更多的人探讨、思考生命与死亡。

二、意定监护制度的需求人群和设立原因

目前,意定监护在中国的发展并不平衡。内陆地区是不是适用意定监护?或者某一些地区意定监护是否可以解决根本问题?从一名公证员的角度,本人没有话语权作答。因此,这里提及的需求人群和设立原因仅针对上海。

（一）通过意定监护构建身份关系

近年来，通过上千件意定监护公证的办理，以及与需求人群的接触，我们发觉意定监护制度实际上是尊重自我决定权，是一种自我救助型的个人家庭生活长远法律规划方案。正如健身运动是为了预防疾病一样，在一个陌生人社会中，自己可以预先借助意定监护这种法律手段，指定近亲属以外的人或者组织，以应对因年龄、疾病或意外事件给自己带来的各种不便。意定监护涉及以下三方面：

对社会而言，需要保障公共秩序的安全，意定监护文书是他人有权代理本人处理事务的证明。在诸如上海这样的超大型城市中，任何第三方处理涉及人身、财产、死亡、丧葬等事务时，代理人需要提供法律性的证明或通过证明使得他人相信他有权利代表本人处理事务，比如意定监护人如何证明自己有权代表老人处理他的医疗事务等。

对家庭而言，因为意定监护优先于法定监护，因此可以优先选择自己信任的亲人帮助自己，同时有效对抗其他近亲属的干扰。意定监护人的确立，可令自己指定的人帮助自己在失能失智之后，依据一份具有法律效力的文书，向外界证明代理人所享有的法律优先权。

对自己而言，意定监护人的确立有助于消除对于意外、疾病与死亡的不安和恐惧。据本人所在单位的统计，意定监护公证咨询及办理者中，60岁以上人群占38%，18～60岁占比达45%。特别是在疫情之后，有大量年轻人来电咨询，这样的恐慌心理恰恰需要通过非药物手段疏导调节。这正是年轻人办理意定监护的主要原因之一。

(二) 意定监护制度的需求人群

意定监护制度的需求人群主要分为两大类，一种是管自己的，另一种是既管自己又要管自己的近亲属和下一代的。

实际上，诸如孤寡独居老人、失独父母、不婚不育、丁克、同伴群体等，绝大部分是没有子女的。由于他们中很多人既没有血缘人也没有亲缘人，在面对未来可能面临的失能失智等问题时，存在很大风险。通过意定监护人的确定，可以解决这部分人群未来寻求非亲属协助时，法律身份关系证明缺失的问题。

而身心障碍者及其父母的养老问题怎么办？这就需要通过意定监护、遗嘱监护、委托监护的方式，在解决身心障碍者子女未来监护问题的同时，也解决父母自身的养老问题。

(三) 意定监护制度的设立原因

意定监护制度的设立原因就上海而言，主要集中在解决入养老院难、就医难、照护难等问题上。当老人行动不方便或者意识不清时，应由谁照料？选择居家养老还是机构养老？家政服务如果对老人不好，谁去干预？谁去解聘？这些问题和矛盾某种程度上推动了意定监护制度的设立。

这里需要澄清一点，意定监护并不是有钱人所使用的法律工具。在我们的实际工作中，也遇到很多咨询者，他们表示自己没有钱，没有家人，也没有近亲属，希望在无能为力的时候有人能够帮助自己,解决自己的身后事。还有孤独症等身心障碍者家长群体,他们对于意定监护制度的设立同样有较强的需求。因此,意定监护不仅解决生的问题,也解决死亡身后事的问题。

另外,由于上海商业领域风险投资比较多,为保障投资者利益,需要股东互保,即股东间互相指定对方或其他人为公司事务的未来监护人,从而保护投资利益。

三、意定监护制度的实施给社会带来的益处

那么,意定监护制度的实施对于社会各方面可以带来哪些益处呢?

第一,减轻社区治理的负担。在上海,经常有独居老人希望由居委会托底监护养老,而居委会则认为老人当前意识清醒,有财产还有行动能力,托底监护一事可延后考虑。这就会导致老人对居委会的工作执行产生怀疑。自从有了意定监护制度之后,社区的压力大大减轻,原因在于本地居民通过意定监护指定监护人后,对于基层社区来说是减轻了社区对独居老人或失独群体照管的责任。

第二,降低养老机构运营风险。目前来咨询办理意定监护公证的还包括养老机构负责人,通过办理意定监护,解决了老人入住养老机构后,发生重大疾病及老人死亡之后的丧葬等问题。其中最为重要的是,解决了老人入住期间在他昏迷之后谁来支付

老人入住机构费用的问题。意定监护的办理，实际上降低了养老机构的运营风险。

第三，减少医患纠纷，间接推动缓和医疗、遗体捐献、环保殡葬发展。在意定监护公证中，一般会签署三份文件。第一份是意定代理和意定监护的授权书，用于解决老人意识清醒、行动不方便以及老人意识糊涂后，谁做他的代理人，谁做他的监护人的问题。第二份文件用于遗产处分，也就是遗嘱。第三份文件是生前预嘱，包含老人临终状态的医疗决策和死后殡葬、遗体安排的意愿。因此，可以说意定监护间接推动了缓和医疗、遗体捐献及环保殡葬的发展。

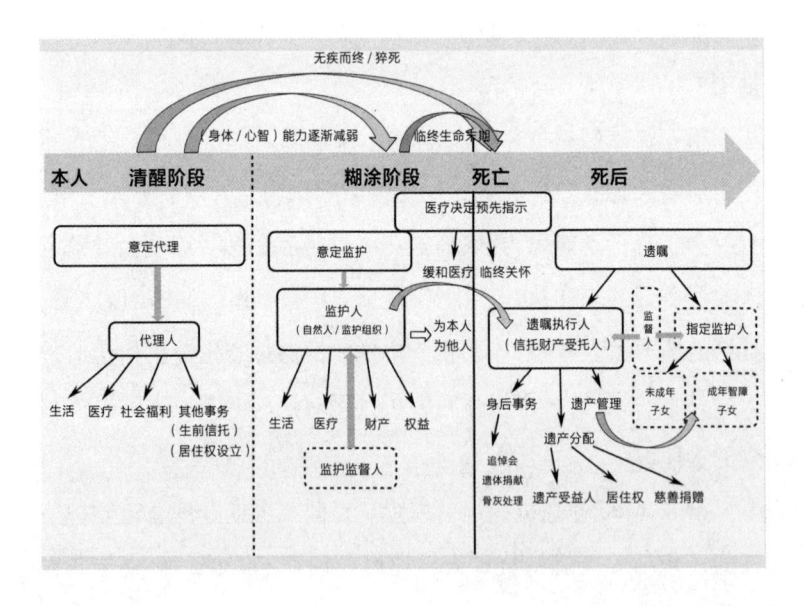

第四,解决特殊计划生育家庭和特殊群体养老困局。据有关机构调查,绝大多数在上海的失独群体经济上无忧,有钱但是没有人帮他们去解决终老的问题。意定监护制度可以通过非近亲属或者是委托社会监护组织的形式去解决大量的失独群体和特殊群体养老的困局。

第五,增强城市吸引力,有助于人、财引进。一个有温度的城市,政策手段上既保障创业、就业,同时这个城市的意定监护制度发展得好,又保障终老安享,这对于城市吸引投资,吸引年轻人也起到意想不到的作用。

第六,推动财富管理保险信托行业。意定监护的遗嘱和遗产管理对于财富保险信托行业的业务发展与推广,有较大推动作用。

第七,结合居住权制度实现居家养老,盘活老年消费市场,增加就业、创造新职业。终老在家,是很多老人的愿望。但老人有房子没有钱,没钱如何得到好的居家养老服务?老人想把房子卖了却不想去养老院,但又租不到房屋怎么办?《民法典》规定了居住权制度,从立法上保障老人能够实现居家养老,但这需要结合意定监护制度。基本流程和模式是:老人的房子以优惠价卖给房产投资人,房屋产权归投资人,同时为老人设定居住权,老人有居住权书,老人不挪房,老人反过来支付租金给投资人。老人的卖房所得款放在公证处或信托公司,由第三方监管,老人租房直到终老,从而实现居家养老。同时老人预先指定监护人,老人意识不行了,由意定监护人安排老人的生活、居家服务、医疗直至处理丧葬、身后事，并指示第三方支付各类费用，包括监护人的酬金等。

第八，实现财富再分配，促进慈善事业发展。现在很多无子女的老人，包括不婚不育的年轻人，愿意将自己的财产在死后通过遗产捐赠等方式回报社会，间接促进了中国慈善事业的发展。公证实务中，遗产捐赠通常是老人委托意定监护人去执行。

四、上海意定监护公证的发展变化

公证机构是作为国家设立的处理公共司法事务的代表，意定监护办理公证体现了国家对于公民的法定职责，国家通过公证机构在意定监护的设定、履行过程中干预和保护私人生活，公证机构承担了司法监督的职责，特别是在监管被监护人财产领域，实现了人财两全（人和财产都得到了保护），弥补了目前法院司法职能的空缺。

在欧美国家，监护法院职责很重，但在中国法院案多人少的审判环境无法改变的现状下，公证机构实际上是弥补了法院司法职能的空缺。目前意定监护公证从咨询到落地，再到结束，时间跨度非常长。在老人意识丧失之后，由公证机构接收和审核监护人的监护报告，在财产处分的阶段，由公证处来监管财产用途和对象。但与此同时，这也会给公证机构带来很大的压力。目前开展意定监护公证的机构或者公证员不多的原因之一，就是意定监护公证和传统的公证业务相比,对公证员的智慧阅历和专业能力,以及对当事人的纠纷和家庭内部矛盾的把持能力和控制能力要求更高。而且很多情况下,由于涉及老人财产的监管,以及老人去世之后财产的分配、处理,矛盾焦点自然集中于公证部门。在此也希望社会各界对公证处多理解包容。

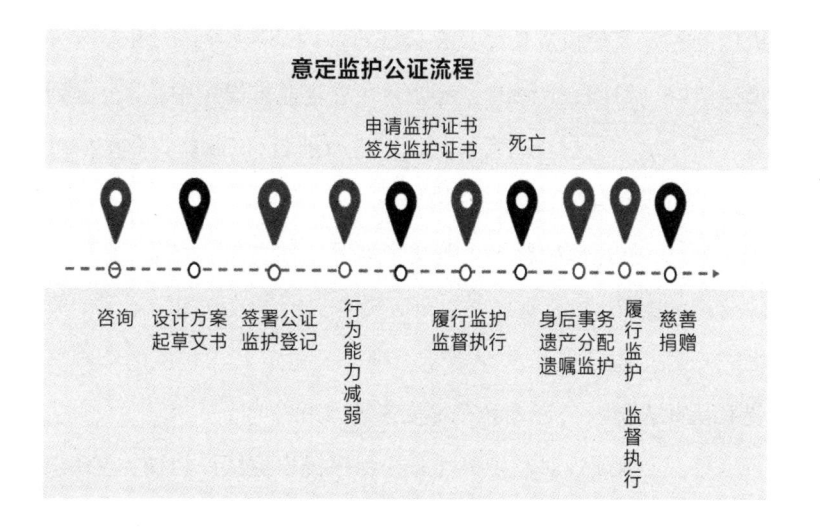

意定监护公证流程

咨询 — 设计方案 起草文书 — 签署公证 监护登记 — 行为能力减弱 — 履行监护 监督执行 — 身后事务 遗产分配 遗嘱监护 — 履行监护 监督执行 — 慈善捐赠

申请监护证书 签发监护证书 — 死亡

五、未来意定监护制度实施需要解决的问题

根据过往经验,未来意定监护制度实施需要解决的问题主要有以下四点。

第一,需尽快建立法院、民政、居村委、公证的监护信息登记查询系统。根据《民法典》规定，法院、民政部门、居村委都是有权指定监护的。但是事前如何确认被指定人、被监护人，是否在意识清醒时已经事先指定过监护人呢？意定监护无论从法理上还是各国的法律规定上均优先于法定监护，那么本人意愿优先的原则如何实现呢？在我们的实践中，就曾遇到多起法院没有支持老人在清醒状态指定的意定监护人的案件。原因在于公证机构的意定监护设立信息只在公证行业内部进行流转，并没有分享给法院。目前，上海的公证处会在意定监护设定中，发公函到老人居住地的居村委或者民政机构进行通告，以此作为监护信息查询体系没有建立前的弥补措施。

第二，意定监护社会示范文本需要定期发布。目前，每个意定监护的案件，都需要很大的司法成本。司法效率提高不了的原因之一就是意定监护法律规定原则——意定监护实施的细则需要有从业人员及公证处和律师反复普及和梳理。

第三，亟须针对监护事件非讼程序民事立法。目前，在意定监护或监护事件法院审理、司法审判中，仅凭民事诉讼法的特别程序是无法解决现实生活当中意定监护或监护事件司法审判的。因程序法上的规定过于简单，不够人性化和精细化，使得基层法院的操作缺乏立法的支持，因此亟待出台司法解释，由本省或最高法出台意定监护或者监护案件的指导性意见，将目前基层法院所发布的个别案例、指导意见，上升形成可在全国实施的立法条文。

第四，大力扶持和壮大社会监护组织、社会（市民）监护人。近年来，监护人的社会化倾向越来越明显，即非近亲属担任监护人的数量逐年增加。因此，参照国外相关经验，在此也希望全国各地大力扶持和壮大社会监护组织、社会（市民）监护人队伍，以应对中国未来的老龄化峰值所造成的社会问题。

建设代际公平的数字社会

邱泽奇
北京大学博雅特聘教授、北京大学中国社会与发展研究中心主任、盘古智库学术委员、老龄社会 30 人论坛成员

本文将探讨的是数字社会的代际公平。这里有两个关键词,一个是"代际公平",另一个"数字代际公平"。我们将分三部分进行探讨:第一,什么是代际公平?第二,技术创新如何影响代际公平?第三,如何用技术创新来促进代际公平?

一、什么是代际公平

代际公平不是当下才有的概念,也不是老龄社会产生的概念。

在学术界，代际公平最早是针对人类与环境关系的概念。在工业化以后，人类生产力大幅提升，对自然资源的运用、使用甚至掠夺，进入加速状态。人们开始担心，我们的子孙还能花什么、用什么？代际公平的起点是资源准则，面向子代，父代如何保证子代有资源利用的选择权，如何能使我们的后代接触到当前我们接触到的自然资源的多样性和质量性。准确地讲，讨论代际公平时，人们最初关注的是父代对子代的责任。

在日常生活领域，中国人对代际公平的早期探讨沿用的是行为准则。日常生活的行为准则教导过我们，你今天对待老人的方式，便是你的子代将来对待你的方式。说的是长幼关系，双向关系，所谓"老吾老，以及人之老，幼吾幼，以及人之幼"，正是代际关系的行为准则。

在数字时代，社会变革赋予了代际公平新的含义：父代是数字社会的缓行者，面向父代，子代要给父代同等的机会分享数字红利，强调的是父代的机会，我们可以称之为"机会准则"。

在不同的时代、不同的场景下，代际公平有不同的内涵。在数字社会，父代、老年人是数字技术创新与应用的弱势群体，从社会平等的视角出发，要给予老年人同等机会追寻发展，而不只是养老，否则就会有代际数字鸿沟。社会需要关注的是，在数字技术创新和应用带来巨大数字红利的前提下，老龄人口分享数字红利是社会转型的重要组成部分。

二、技术创新如何影响代际公平

（一）代际的核心变量：年龄

代际怎么会有差异？核心变量是年龄。年龄的差异会带来代际生理、心理、认知的差异，进一步带来的是两个机会的差异。第一，生产财富和生产社会物资的机会，称为"生产机会"。第二，生活机会。生产机会和生活机会的差异，在日常生活中表现出来的是职业差异和生活差异。不同的生理、心理和认知形成面向生产和生活的不同技能，这是大家能体悟到的，不同年龄的群体，拥有不同的技能。经济学把技能归结为人力资本属性之一；社会学则认为，技能差异是影响人群差异的关键因素，是社会差异来源，是影响社会分化的因素。

社会分化是如何产生的？人们在日常生活中形成的共识是，是不努力造成的、是不学习造成的。事实上，事物可能还有另一面。从更长远、更悠长的历史来观察，的确有另一面。

（二）从代际和谐到代际鸿沟

另一面，是由面向生产和生活需求的技能变化带来的，也是社会的技术创新和应用展开的速度差异带来的。

先看第一部分，在农业社会，老年群体是社会的财富。所谓"家有一老，如有一宝"，对子代而言，老人积累的生产和生活经验是宝贵的，年轻人需要不断地从老年人那里询问经验、学习技能，如种地的技能、生活的技能、手工的技能、放牧的技能等。

这些技能便是财富,这些财富,老年人不是一次性给予子孙的,而是在子孙遇到问题时,不断回答他们的询问而传递的。

换句话说,子女对父母的赡养,不一定基于我们常说的道德义务,更可能的是代际交换。中国社会倡导向孝子学习的文化从未间断过,子女赡养父母被认为是社会鼓励的行为。其实,我们可以想一想,如果子女会主动地赡养父母,社会还需要不断地倡导吗?笔者认为,本质的逻辑其实是,老年人用生产和生活技能来支付子女赡养自己的成本。两相情愿,构成了以家庭为单位的代际和谐体系。在近代乡村,我们可以看到,子女不孝,通常是父母不能给子女提供生产和生活指导,不能作为子女的顾问,自身的资源已经枯竭。沿着这个逻辑,我们就能理解,在乡村,为什么有的家庭和谐,有的家庭不和谐。

到了工业时代,生产和生活对技能的需求变了,家庭代际交换的逻辑也随之失效。工业社会的生产,不再以家庭为单位,而是以组织为单位。技能传递也从家庭走向社会。个体技能不再从家庭习得,不再是长辈传递的经验,而是经由组织传递。技能变成了社会化的个体能力,变成了需要事先获得的个体性资产。人们通过学校、学徒体系,先获得技能,再用技能换得收入。有技能的老人不再交换子女的赡养,而是用技能和年轻时积累的收入交换社会赡养,养老金出现了,养老院出现了。同样是代际交换,只是不再是家庭代际交换,而是社会代际交换。曾经隐藏在家庭的代际分化,变成了显性的社会分化。这个分化是产业分工带来的,个体发挥作用的空间非常有限。在工业革命300多年的历史中，从制造业到金融业，再到数字产业，这些优势产业的更替是个体无法左右的，甚至是个体无法选择的。代际的家庭和谐被代际的社会分化打破，技术创新与应用推动的是社会化的代际疏离、代际冲突、代际鸿沟。

那么，数字社会带来了什么呢？笔者以为，数字技术创新与应用让老人们年轻时习得的技能甚至变成了负资产。现象是，原有技能追不上技术创新与应用的迭代，很快过时了，不再是可以用来交换老年赡养的有效资产了。那么，老人们拿什么交换在生活中的失能呢？没有！代际鸿沟扩大了。

（三）技能生命周期的变化

年轻时积累的技能在农业时代和工业时代曾经都是可以用来交换老年赡养的资产，何以到了数字时代便失灵了呢？笔者以为，回到长时段的历史中，可以发现一个极有意义的概念，即技能生命周期。

在农业社会，学会插秧，一辈子都会插秧，技术创新与应用的速度很慢，相应地，技能的生命周期也很长，与人的一生一样长。进入工业社会以后，人们已经感受到技能的生命周期在变短，从前会修拖拉机，现在不会了，拖拉机的技术更新了。进入数字社会，技能的生命周期变得越来越短，老年人发现，不仅生产技能失效了，生活技能也在失效，自己都快不会生活了。为什么会这样？那是因为，技术创新与应用一直在不断加速。

随之也推动着社会分化加剧。从前是加剧家庭之间的分化，有的家庭殷实，几代人都很殷实，因为有技能传递。到工业社会，技能的家庭传递变得困难了。再到数字社会，技能从长到幼的传递变得几乎不可能。

从石器时代开始，技术创新与应用就在加剧社会分化。只是，从前的分化发生在家庭代际，即使在工业时代，也还维系在代际。可如今，分化却伴随人的一生，发生在一代人之内。笔者想强调的是，因技能差异带来的代际数字鸿沟不仅发生在长幼之间，人老了以后还会发展。一些人在年轻时，技能处在社会的顶端，有可能年老后不仅被年轻人落下，甚至被同辈人甩下。

技能生命周期缩短对整个人类是严峻的挑战。技术创新与应用的加速让人们花很长时间习得的技能无法覆盖一生的生产和生活需要，即使不断学习，最后，可能还是会被抛下。代际数字鸿沟的本质如此，它不是个人带来的，而是社会带来的。

（四）异步困境

对上述情景，笔者曾经有一个归纳，即技术与社会的异步困境。代际数字鸿沟是异步困境的一部分。社会按照自己的惯性在匀速发展，技术却在按照自己的惯性加速前进，技术创新与应用的速度远远大于社会发展的速度，形成了社会发展和技术发展的不同步，这便是产生代际数字鸿沟的根源。更加复杂的是，不仅代际有技能差距，同辈内部也有技能差距。代际数字鸿沟的复杂性在这里。

三、如何用技术创新促进代际公平

那么,数字时代该有怎样的代际公平呢?解铃还须系铃人,数字时代的代际公平,还需要通过技术创新和应用来实现。正如前面说过的,数字公平的本质是机会公平。代际数字公平是数字公平在代际的呈现。

要实现代际数字公平,笔者以为,有三件事很重要。一是技术的可及性,二是技术的可用性,三是技术的有效性。

一方面,笔者赞同张新红老师倡导的,的确要提升老年人的数字素养。笔者在研究农村电商时发现,对农民而言,电商做得好坏和这个人读多少书关系不大,与他会不会玩数字技术关系很大。言下之意是,工业岗位的技能不能自然迁移到数字岗位。另一方面,技能生命周期的不断缩短意味着数字素养改善给缩小代际数字鸿沟带来的影响可能是有限的,为此,需要从技术供给侧通过技术创新和应用延长老年群体已有的技能生命周期。具体表现在,数字技术在面向老年社会时要创新价值、内容、标准,使数字技术适老,让大多数老年人可及、可用、管用。笔者深深地认为,数字时代的技术创新与应用,相对于产品功能价值,社会价值是更加重要的价值。社会价值不应该被现代企业定义为产品价值的外延。这是因为,产品终究需要融入老龄社会的价值、内容和标准,才有机会促进数字公平。

什么叫可及?张新红老师讲数字鸿沟时提到了这一点。在笔者看来,数字鸿沟的第一道鸿沟是接入性鸿沟,或称可及性鸿沟，如设施设备的可及性。如今，世界上还有46%的人根本没接入互联网。在中国，如果按总人口算，也还有5亿左右的人没接入互联网。其中，儿童，我们不希望他们接入；老人，我们希望他们接入，却有可能不具备可接入性。

影响接入性公平的因素，笔者以为有三个。第一个是经济因素，无论是个体性贫困还是社会性贫困，都会影响老年人的接入。世界上尚未接入互联网的群体，绝大多数是因为社会性贫困而未能接入。在中国，脱贫攻坚解决了社会性贫困，却依然有一部分个体性贫困影响接入性公平的实现，我们还有大量的工作可做，尤其是针对个体性经济贫困。

第二个是供给性因素。如果没有接入的基础设施供给，可及性难以获得改善。我们不可能把光纤拉到边远地区的每一公里，数字技术创新与应用依然是解决问题的有效途径。中国、俄罗斯和印度，各自有自己的经验。中国将数字技术设施定义为公共资源供给，做得比其他国家都好，比如，在西藏自治区偏远的山上建设基站。中国4G基站的普及率远远高于世界其他地区，比中国固话的覆盖率高得多。除了提高地区性和社会性供给，还可以运用技术创新和应用改善专用性和通用性供给，实现可及性公平。比如，运用低速通用网络提高接入可及性供给的普遍性和高覆盖性；运用专用网络提高特殊网络接入的可及性，如数字医疗。

第三个是技能因素。技能通常指向个体和群体。笔者以为，无论是个体还是群体，技能的提升是指需求方的数字素养改善和供给方的技术创新与应用，即个体和群体数字素养的提升。

什么是可用？笔者想用一个故事来解释。腾讯公益曾做过一件事。在贵州省黎平县的一个村寨，大部分青壮劳动力都外出打工了，留在村里的多是老人、妇女、儿童、残疾人。村里有手机基站信号，却很少有人用手机。看起来，这是因贫穷带来的可及性问题。为此，腾讯公益给每个家庭发了一部智能手机，试图解决可及性公平。手机发下去一段时间以后，人们发现，手机并没有用来接上互联网和外出家人取得联系，也没有用来做生意、卖农产品，而是被小孩拿去打游戏了。可及性难题转化为可用性难题。

人们常常误以为只要有了设施设备供给，就能解决代际数字公平问题，事实上，可用性是一个更加值得重视的问题。在电视领域，有一个非常重要的指标叫打开率。可用性也可以用类似的指标进行评价。

影响可用性的同样是上面这三个非常重要的因素，也同样可以通过技术创新与应用来改善。举个例子，比如，健康码的改造从两个方面在进行技术创新与应用。一是提高健康码的可用性。过去，每个省区都有自己的健康码验证系统，现在无须有30个健康码了，一个就通用了。这是从供给侧进行的公平性改善。二是考虑从需求侧进行公平性改善，同样运用数字技术创新与应用，如让没有智能手机或不会使用智能手机的用户手持一份纸质的健康码。有些改善事实上很难分清是供给侧的改善还是需求侧的改善，对智能应用程序的应用都有这样的特点。

什么是管用？如果说可及和可用是通用性问题，那么，管用除了是通用性问题，更多可以被理解为是专用性问题，比如，解决某个难点堵点。老年人的具体问题是类型化的，比如健康呼叫、咨询问诊、突发情况咨询、子女关照等。张新红老师在他的主题发言中提到一些有钱的老年人愿意花30美元请人陪聊一个小时，这是特殊需求，是专用性。代际数字公平还内含着针对老年社会的"管用"。

在老年社会，有通用的公平性问题，也有专用的公平性问题。管用，除了解决通用的需求，还要有个性化服务，在个性化中实现代际的数字公平。对此，笔者也坚信，依然需要通过数字技术创新与应用来实现公平，依然需要在数字技术创新与应用中考虑贫穷、供给、技能等维度的具体场景。

此外，进一步的问题是，仅有技术创新与应用，够吗？技术创新与应用能获得社会的正当性吗？笔者认为，社会规则是实现的支持，是实现可及、可用和管用的前提条件，特别希望政府给予不管是养老企业、数字企业还是普通大众以充分的想象空间，给他们创新的正当性。

联想到梁春晓老师讲的社会转型和张新红老师讲的养老，最后，笔者强调，代际数字公平其实是数字社会可持续发展的基础。如果没有代际数字公平，子女们就只能整体围着老年人转，这样的社会是不可持续的，也是灾难性的。

简单地说，笔者特别希望支持老龄社会的、支持代际数字公平的技术创新与应用能得到国家制度的支持，得到社会的响应，我们一起来建设一个代际公平、可持续发展的美好社会。

老龄社会与信息化、智能化

第 5 章

在数字世界里变老

胡泳
北京大学新闻与传播学院教授、盘古智库学术委员、老龄社会30人论坛成员

以"在数字世界里变老"为主题进行分享的根本动力,并非笔者是老龄社会专家,而是出于我在照顾年迈父母时的切身体会。生活中我每时每刻都在处理养老的实际问题,感受到了其中的酸甜苦辣。我的父母由于年岁较高,时常会面临一些非常典型的老年人困境,比如听觉障碍、使用轮椅,以及阿尔茨海默病等造成的生活和出行的不便。在对父母进行照顾的过程中,我最害怕听到的四个字就是"我摔倒了",因为某一次跌倒,就可能是他们人生中的最后一次跌倒。目前,有些科技公司试图通过先进技术解决跌倒问题,这对老年人而言是巨大的福音。在与专业养

老机构的工作人员交流时我了解到，老年人面临的最大风险是跌倒。跌倒并非大家通常认为的意外事件，而是一种老年病，可以说，人到老年跌倒是必然的，一次严重的跌倒可能导致老人卧床不起甚至失去生命。

一、不是无障碍，而是到处都是障碍

现实的无障碍，即物理空间的无障碍。目前，现实中中国的城市存在较多障碍，比如路面高差、盲道被大量占用等。而老年人经常出入的医院或社区卫生服务中心等医疗机构，有些甚至没有设置无障碍卫生间，依然为蹲坑，这对坐轮椅的患者来说是无法逾越的障碍。对此，国际社会中的一些先进国家已有较为成熟的经验，比如美国的停车场大多会设置专用轮椅停车位。

虚拟的无障碍，即数字空间的无障碍。如何将数字无障碍作为一种技术原则应用到设计和服务中已经引起了广泛的讨论。但实际上，目前的一些做法并非清除障碍，反而是不断地设置障碍，比如前往柜台缴纳医保的老年人被拒收现金。由此笔者产生的疑问是，银行、政府等大规模进行人工智能、数字化、电子网络化等技术的普及和应用，的确在一定程度上能够更好地为民众服务，但同时给不愿意或不能够使用网络的人造成了巨大影响。因此，可以说数字化飞速发展也在一定程度上带来了数字障碍。

二、"数字弃民"是如何产生的

（一）"数字弃民"的产生及其源头

新冠疫情暴发以来，以健康码为代表的数字化工具导致线下的大量空间被数字化。如果你是非网络用户，将彻底面临被边缘化的风险，也意味着社会中相当规模群体的社会生活的基本权利受到影响。这种现象在研究数字鸿沟问题时，可以被总结为"数字排斥"。受到数字排斥的群体，笔者将其称为"数字弃民"。

所谓"数字弃民"，是数字化之后产生的副产品，其源头可以归纳为自我排斥、财务排斥、技能排斥及地理位置排斥四个方面。

一是自我排斥，这与有些人厌恶变化和新事物有关，并且相信终身学习超出了自己的能力。比如部分老年人始终无法学会使用手机或微信等应用程序。

二是财务排斥，低收入人群无法为连接的前端成本、具有上网功能的设备和上网本身的持续成本支付费用。

三是技能排斥，一个人的技能和信心是其能否有效使用互联网的前提。对于某些社会群体来说，互联网过于复杂，他们不仅缺乏基本的数字技能，而且缺乏对于互联网工作原理的理解。

四是地理位置排斥，在偏远地区，宽带和移动基础设施较差（或根本没有），这意味着农村地区的人们面临着物理服务以及在线服务双重受限的不利条件。

（二）数字排斥与社会排斥密不可分

排斥问题原本在社会中是司空见惯的，但新冠疫情使得数字排斥问题更加凸显。由于"社会隔离"的手段被大量使用，民众在诸多领域增加了对互联网的依赖。从实物到服务，从教育到办公，对某些群体而言，已并非隔离问题，而是隔绝问题。同时必须意识到，在社会中大多数人都转向通过互联网进行社交联系的情况下，仍有部分人尚没有机会或尚不能掌握此项技能。因此，我们在尽情地享受数字化带来的便利的同时，也不应该忘记那些受困于数字化，甚至因此变得寸步难行的群体。少数被数字化排斥的群体，其排斥源多种多样，包括年龄、教育程度、残障、收入、地理位置等。目前在社会中已经处于社会或经济劣势的人被数字排斥的可能性要比普通人高出数倍，因此，可以说数字排斥与社会排斥是密不可分的。

三、老年人之困：在数字世界中"掉线"

（一）"掉线"状态的老年人概况

老年人在整个数字排斥中遇到的问题之一，是其在数字世界中的"掉线"状态。掉线的后果不仅是生活上的实用性问题，还与老年人的生命质量密切相关。对于数字化参与，大家原本的期待是能够很大程度上减少老年人的孤独感，但由于数字世界中的重重障碍,反而会增加其孤独感。

截至 2021 年 12 月,我国 60 岁及以上非网民群体占非网民总体的比例为 39.4%。可以看出,数字排斥中非常明显的参数之一就是年龄。老年人一直占非互联网用户中的最大比例,将近四分之三的老年人无法熟练使用智能手机上网,甚至不持有智能手机。

(二)"掉线"状态对老年人健康的影响

从老年人角度看,许多老年人是技术新手,相当规模的老年人对新技术感到恐惧。但老年人存在一个独有问题,即其身体可能出现与衰老有关的残疾,这种残疾因素导致老年人对新技术的排斥更加强烈。并且,由于身体所患疾病很可能被社会排斥,从而影响老年人心理健康,长期的孤独感也会导致抑郁症的发生,以及心脑血管疾病的发生、身体机能的下降甚至死亡。

原本可以依靠技术帮助降低这些风险,一些研究表明,能够上网的老年人被社会排斥的可能性会降低很多。特别是新冠疫情期间,与外界保持联系对老年人来说非常关键。由于习惯的生活被打破,一些老年人因此会更深地陷入孤独中。

事实上,老年群体对于新技术或数字世界有着较为强烈的需求。但是,他们无法在学校或工作场所等机构环境中学习到计算机和互联网的相关技能,同时其活动和认知能力均处于下降过程中。因此,我们需要意识到,如果社会无法为老年人提供方便且简易的技术培训,则等于将这个群体拒绝在数字化大门之外,会加剧其孤独和被孤立的趋势。

四、线下空间被强行数字化

（一）老年人遇到的数字排斥问题

根据中国互联网络信息中心第 49 次《中国互联网络发展状况统计报告》显示，截至 2021 年底，中国网民规模约 10.32 亿。其中，60 岁及以上的老年网民约占 11.5%。老年人遇到的数字排斥问题非常严重。

（二）应对数字排斥的三个基本判定

第一，对于老龄社会总体情况的判定。我们需意识到 60 岁及以上人口的规模对整个国家来说是一场不折不扣的"银色海啸"。"七普"数据显示，截至 2020 年 11 月，我国 60 岁及以上人口约为 2.64 亿，占总人口比重约 18.7%，65 岁及以上人口约为 1.91 亿，占总人口比重约 13.5%。

对此，还可以进一步细分，65 岁及以上老年群体的集合较大，可以从 65 岁及以上人群中区分出更年长的老年人。比如 75 岁及以上的老年人，这个群体，均可能是完全不曾处于电脑、智能手机和其他设备环境中的人，他们是以畏惧的态度对待新技术的。通常来说，稍年轻一点的老年人才是拥有更多技术经验的群体。可以预期的是五年内退休人士将会对新技术更加熟悉。

第二，对于老年人生活基本态势的判定。需要对老年人的具体情况做分类摸底，包括对于空巢、独居、失智、患有抑郁症等不同情况的老年人数量进行统计。只有掌握基本态势后，才能对症下药，逐渐消除数字排斥。

身体健康方面。老年人的疾患问题影响上网，大多数为网络交流而设计的技术均依赖于具有正常的听觉、视觉等感官。而老年人群体中不乏严重听觉、视觉障碍的人，出于健康状况的影响，部分老年人与网络无缘。

知识技能方面。随着年龄增长，老年人的反应灵敏度下降，使得其跟上快节奏技术变得更加困难。不只是国外，中国同样存在这个问题，很多农村老人出门办事时，如果没有年轻人陪同，很大程度上可以说是寸步难行的。

设计伦理方面。徐永光曾经说过，应该把数字无障碍作为老龄时代的重要公共政策安排，维护老年人在数字社会的人格尊严和主体性。数字化往往将老年人和残疾人忽略不顾，开发技术时并不会特意考虑他们的需求。互联网技术的发展多为商业价值所驱动，由于老年人的商业价值相对较弱，技术会有意无意地忽略老年人的需求。因此，社会整体需要向科技创新企业以及公益慈善部门施加某种道德压力，促使其将数字无障碍作为技术伦理准则融入产品服务和软件设计中。

第三，对新冠疫情期间老年人困境的判定。新冠疫情背景下，老年人面临诸多困境。生活方面，由于老年人不熟悉智能手机操作方法，很容易沦为"无码之人"，寸步难行。

总之，技术并非万能，无论网络多么高歌猛进地发展，技术始终无法取代人与人的接触。特别是老龄阶段，技术并不是高大上的存在。但技术如果应用得当，将能够极大地提升老年人的福祉水平。

五、智慧养老技术大有可为

许多老年人都会面临一个重要问题，就是在哪里可以安全地养老，而又不牺牲自身独立性。如果一种技术能够帮助在居家、养老机构等不同护理环境下逐渐老去的人们体验到充满欢乐、尊严和福祉的独立生活，这种技术就可以称为"智慧养老"。

（一）适老化改造

现实环境中，可将智慧养老理解为整套人工智能解决方案。可以利用多样的网络技术维护老年人健康，增强其社会联系，丰富其生活内容，但同时在线下也伴有相应的解决方案。

比如面向居家养老人群的适老化改造。选择居家养老的人，所面临的最直接问题就是住宅的适老化改造。适老化改造的市场是非常广阔的，对此，如果政府主导推行养老住宅的室内设计师和居家养老专家认证，将提升老年人日常生活的安全性和便利性。

（二）将技术融入居家养老

支持健康、安全和安保是成功居家养老的重要组成部分。保持舒适环境的家庭管理系统，以及满足社会参与、锻炼和放松的通信和娱乐系统，都是居家养老必备。一个装备好的住所，可以适应老年人的常见弱点：视力变弱，活动能力下降，跌倒风险增加等。

（三）智能应用

很多设备目前都已经是用户友好型的，但仍然可以利用技术进一步为老年人服务，将老年人感到痛苦或难以完成的事情进行自动化。比如语音助手，其易于使用的自然语言界面，是老年人用户的一个有利选择；智能手表，能在使用者跌倒时提醒联系人。

此类技术不仅能够提升居室内部的护理，也能够帮助室外的护理人员实现远程监控。从智能家居角度看，护理人员可通过平板电脑、智能手机或触摸面板实现对整个房间的控制。这些家居设备能够极大提升老年人日常生活的安全性、便利性、娱乐性和社交性。

（四）智慧城市

在智慧城市的通盘设计中，如何将对老年人影响较大的智能医疗技术扩展到整个城市的各个社区中十分重要，这种智能技术能够提升城市包容性，使老年人和残疾人等生活更加方便，并且逐渐使任何年龄的人在城市中都可以更加自由和独立地活动。

乐观地说，未来十年，精通技术的一代人将走向退休，并寻找延长自身独立性的方法。智能技术将为他们提供资源,让他们在未来的岁月里生活得更好。但即便如此,有技术经验的护理人员对于使用技术系统仍然至关重要。因此,可以说,技术是居家养老的最终资产。

六、迈向对老年人的"数字包容"

(一)数字化时代老年人需具备的技能

基本技能方面,需先保证老年人掌握启动电脑或手机、连接Wi-Fi、设置或更新密码、在线联系亲友等基本技能。

高阶技能大致分为五个方面。一是管理信息,使用搜索引擎查找信息,查找之前访问过的网站,下载或保存在线找到的照片;二是交流,通过电子邮件或在线信息服务发送个人消息,知道如何在线共享信息;三是交易,从网站或者手机应用程序购买商品或服务,懂得在设备上购买和安装应用程序;四是解决问题,在线验证信息来源,或利用在线帮助,处理设备或数字服务的问题;五是身份验证和填表,了解如何进行个人身份验证,并完成在线表格。

除基本技能和高阶技能外,老年人还需要具备基本的安全常识。比如,电信诈骗中老年群体是"重灾区",如何防止被诈骗或个人信息被盗取,均需要有针对老年人量身定制的数字素养培训。

因此，老年人如果能够掌握基本的数字技能，即使已经退休仍然可以在诸多方面受益，具体体现在增加收入、更方便地购物、改善沟通以及通过在线服务节省时间等。相反，老年人无法掌握基本数字技能是政府和整个社会需要密切关注并加以解决的问题，需要采取一系列相应的政策及应对措施来弥合数字鸿沟，实现数字包容。

（二）针对老年人的"数字包容"

数字鸿沟的反面叫作"数字包容"，指的是人们可以在自己方便的时间和地点访问价格合理且可进入的数字设备和服务，以及拥有足够的动力、技能和信任度，可以使用互联网追求并实现有意义的社会和经济成果。

想要达到数字包容，所有服务的数字化都应该采取包容性方法，而非强制性的。所谓包容性方法，是指需为老年人保留在线之外的服务方式。简而言之，需保持包容性处理方式，纠正数字排斥的影响。

对此，政府已经在采取行动，2020年11月，国务院办公厅印发了《关于切实解决老年人运用智能技术困难的实施方案》，老年人的数字困境问题在2021年首次写入政府工作报告。此后，政府出台了一系列帮助老年人解决数字鸿沟问题的相关政策。目的是确保技术简单易用，不能被视为让人害怕或过于复杂的东西。

除了自我排斥和技能排斥，还必须解决财务排斥和地理位置排斥问题。通过消除特定的物理或财务障碍，就足以使他们受益于数字包容。因此，政府需将互联网接入作为基本需求，而扩大数字技能培训的范围也应该是政府和第三部门的主要任务之一。在此过程中，技术公司等同样应该积极参与，原因在于其支持形式更加多样。

结语

从根本上说，我们其实是有责任、有义务、有必要来消除更广泛的社会和经济障碍，以便为专门增加数字包容性而设计的干预措施创造出更有利的条件。总之，随着未来几十年经济和技术的加速发展，数字包容性的重要意义不会消失，如果处理得当，比如通过对无障碍设备、宽带或技术等进行大量投资，我们将迈向一个更加包容的社会。

关键是需要意识到问题的严重性，并为此采取强有力的行动。事实上，老年人在数字化背景下所面临的许多挑战并非仅仅是在线的挑战，即便离线，它们也折射了当今社会存在的问题，就是年龄歧视和对老年人自主权的不尊重，以及缺乏同老年人进行协商的机制。因此，整个社会需要形成一种共识，就是应给予老年人相应权利，并将给予权利的方法纳入老龄化政策。最重要的是需要确保公共服务的可及性，尤其是卫生服务、社会服务和长期护理服务，同时确保非数字服务对于老年人始终开放，是可以得到并能长期维持的。

"互联网+"产业在老龄社会条件下的底层逻辑

党俊武
中国老龄科学研究中心副主任、
老龄社会30人论坛成员

一、探讨"互联网+"产业在老龄社会条件下的底层逻辑的背景

(一)"互联网+"产业或成为老龄社会条件下经济发展的新动力源泉

一般来说,"互联网+"产业是指产业体系的信息化、数字化、智能化(智慧化),也就是常说的数字经济,其中包括信息经济产业、数字经济产业、智能经济产业等产业类型,也包括平台经济、新基建等不同业态。整个"互联网+"产业在老龄社会

背景下如何发展,这个话题意义重大。当前的第一个话题是如何快速启动经济,回归快车道,笔者认为只有两个进路:一个是原有"停下来""慢下来"项目的快速启动,另一个就是要发现经济产业的新大陆。"互联网+"产业在老龄社会条件下要找到更多发展空间,就要立意发现新的经济产业大陆,为经济发展找到长远可持续发展的新引擎。

(二)"互联网+"产业发展需拥抱老龄社会的转型性需求

"互联网+"产业发展不仅需要与老龄社会的需求相结合,其长远前途更在于拥抱老龄社会的转型性需求,这也是未来经济社会发展的大趋势。因此,从互联网、新基建、云计算等概念的应用与推广角度看,如果不拥抱老龄社会的转型性需求,"互联网+"产业的发展或许会出现动力和后劲不足的问题。

(三)"互联网+"产业在老龄经济产业领域期待出现龙头企业

目前,"互联网+"产业自身发展较好,但其在老龄经济产业领域中,可以说举步维艰,面临破产或已经破产转行甚至官司缠身的企业不在少数。"互联网+"产业在老龄经济产业领域中至今尚未出现具有领头羊作用的龙头企业。这种发展状况是令人担忧的,应引起足够重视,需要进行全面深刻的反思。

二、"互联网+"产业与老龄社会转型性需求相结合的底层逻辑分析

(一)"互联网+"产业对接老龄社会转型性需求运行举步维艰的原因

第一,产业观念上的原因。目前,"互联网+"产业和老龄社会需求的结合上出现严重窄化的现象。大多"互联网+"产业与老龄社会需求的结合,基本上等同于互联网与老年人需求的结合,特别是与失能老年人需求的结合,这导致赛道在起步阶段就出现收窄的现象。实际上,老龄社会的需求和应用场景多种多样,也提供了广阔的发展空间,涉及产品、服务,以及金融等方方面面。但现阶段,多数相关企业只是将"互联网+"产业与老年人需求结合,或互联网与健康养老及所谓的智慧养老相结合,可以说起步就是片面的、狭隘的。之所以运行艰难,这是重要原因。

第二,产业模式上的原因。目前,部分"互联网+养老"或"互联网+健康养老/康养"的平台存在线上供给和支撑不对称的情况。很多"互联网+养老"的企业在技术上、产品上做出很多创新,但线下服务和产品供给端并没有很好地对接。没有线下产品和服务的支撑,"互联网+"便没有了发展的线下基础。

第三,产业根基上的原因。目前,"互联网+养老"的实践面临的问题主要是服务供给和支付体系无法对接。比如医疗方

面,老年人医疗费用除了自付之外,大多依靠医保支付,而医保的支付体系和"互联网+企业"这两者之间还没有找到对接的接口。没有匹配的支付体系,"互联网+"就没有产业的根基。

第四,产业环境上的原因。"互联网+养老"的发展需要将老龄产业中发展相对较好的领域与"互联网+"相结合,才能够获得可持续、可成长的发展路径。目前,已经出现了包括智能化产品在内的诸多新兴产品。但仅依靠这些产品,很难形成产业规模。另外,医养结合服务方面,针对失能老年人的服务已取得较大进步,但上下游的服务链条尚未贯穿。整体来看,我国老龄产业尚处于起步阶段,这也是"互联网+养老"或智慧养老发展缓慢的宏观环境原因。

(二)"互联网+"产业与老龄社会相结合的底层逻辑

"互联网+"产业与老龄社会相结合的底层逻辑是一个极为复杂的话题,当前还不能完全说清楚,但首先要弄清"底层逻辑不是什么"的问题。

第一,信息化、数字化、智能化不能超越老龄经济产业超前发展。这是非常明确的,即不能超前于老龄经济产业中的产品和服务而超前发展。国家的新基建可以超前建设,但纯市场的开发要稳扎稳打。

第二,线上运作不能脱离线下运营。"互联网+"和老龄用品企业、老龄服务企业的运营,特别是规模较大的金融企业的线上运作,离开线下是无法开展的。可以说,数字经济的根本是:

没有线下就没有线上！这是这个产业发展的"红线"。

第三，"互联网+"产业要从产品和服务两种逻辑上融合运作。目前，"互联网+"产业的重点主要在服务方面，产品方面涉及较少。不考虑互联网因素，就服务本身而言，仅提供服务而忽视产品的开发和生产，服务是很难开展的，这也会影响整个老龄产业的发展。比如养老机构中如果没有丰富的老龄用品、辅具等作为支撑，医生、护士、护理员等只能对着老人笑。

第四，"互联网+养老"、智慧养老以及整个养老概念和康养概念是值得探究的问题。仅仅就开发老年人的消费需求来说，就存在着较大问题。其原因很简单，老年人的消费决策模型与儿童、妇女的消费决策模型不同。儿童消费决策十分简单，一般如有相关需求，几乎很少在要不要花钱上考虑，只考虑具体产品的选择问题就可以了。而老年人则不同，老年人产生相关需求后，影响是否消费的因素较多，比如配偶的意向、子女的态度、同辈的看法与反应等，然后才能考虑自己的真正需求。可以说，老年人的消费决策模型非常复杂，因此，仅就开发老年人消费市场来说，我们不能仅仅就老年人需求谈老年人需求，更需要关注其他能够影响老年人消费决策的诸多因素。换句话说，我们要关注老年人与非老年人之间的代际关系在消费决策中的作用。

第五，要拥抱中壮年群体的产业需求。对于老龄社会产业需求中存在的数字鸿沟问题，我们要换个角度来看。老年群体并非单纯是被帮助、被可怜的角色，当然关爱是必须的，但要认识到，如果忽视他们，"晾他们"，产业界就是"晾自己的客户"，把本来是自己的客户拱手让渡给别人。"互联网+"产业包括数字经济等要持续发展，必须拥抱庞大的老年群体，忽视老年群体将错过巨大市场。同时，中壮年群体也是未来的老龄群体，同样存在诸多保健、抗衰老和老龄金融等需求，这也是"互联网+"产业发展的强大动力与难得机遇。

第六，要从老龄产业的细分需求中寻找信息化、数字化和智能化的增长点和成长点。老龄产业本身的概念已出现多年，社会各界对其已有一定了解。但对于老龄产业的细分需求，我们还需要更加深入地思考与研究，不能一味地围绕养老方面和康养方面。我们要在整个老龄产业中寻找新的经济增长点，一些地方不重视老龄产业，一定程度上是因为我们的概念宣传不够精准。将老龄产业单纯理解为开养老院、提供康养服务，这是非常片面的。从长期来看，如果不从根本上扭转观念，不仅养老服务搞不好，还会葬送整个老龄产业。因此，我们要转变观念，绝不能人云亦云，要从老龄社会的结构性、转型性需求上细分老龄产业，寻找新的经济产业增长点。

第七，"互联网+"产业要与老龄产业同步成长。现阶段老龄产业中发展较好的领域，在与互联网相结合后或将拥有更广阔的发展空间。

第八，要加强与政府和国有企业的战略合作。提供老龄服务、老龄用品、老龄金融等的企业，需加强与政府、国有企业的合作。比如银行，银行的中老年客户群体比例可观，其中存在诸多"互联网+"产业方面的需求。

第九，要高度重视"互联网+"老龄产业中涉及国家信息、数字和智能的安全问题。在老龄产业的开发与合作中，信息安全、数据安全等问题需要引起高度重视。特别是健康养老领域，仅从疾病方面来讲，如果建立大数据平台，其中会涉及大量数据的安全问题。对此，民营企业需要有充分的考量。

三、"互联网+"产业如何与老龄社会相结合

一是明确产业定位。一方面，从产业定位角度看，狭义上称其为"互联网+养老"或许不太恰当，应该称为老龄产业的信息化、数字化、智能化。广义上讲，就是整个国家产业体系如何适应老龄社会要求进行信息化、数字化、智能化的问题。因此，数字经济未来的重大战略主攻发展方向，就是要顺应老龄社会的系统性、结构性需求。另一方面，从顶层设计角度看，需要加强老龄经济产业的信息化、数字化、智能化中长期规划发展的研究。其中，老龄产业的信息化、数字化、智能化要有三个考量：如何服务共同富裕、如何服务全国统一市场、如何服务老龄社会背景下的新经济。

二是"互联网+"老龄产业要超前研究新基建的后续发展问题。从基础设施角度看，新基建建设过程中，诸多大数据及平台应该如何运用、应承载哪些新技术和新服务，这也属于产业的顶层设计问题。建设好办，问题是建设好了以后上面运行什么，

这是真正的战略问题。可以说，谁在这方面有所考量，谁就是未来的赢家。

三是要从根本上破圈，走出老人圈、养老圈、康养圈的狭隘产业观念。现在，越来越多的人对"养老"的概念有所醒悟，许多老人更是直接说："养老，养老，越养越老。"实际上，我们要深刻反省：我们身边究竟有多少老人愿意承认自己被人养？我也经常诘问"养老人"：究竟是养老产业的人养老年人呢，还是我们从事养老产业的人更需要老年人来养呢？答案非常清楚！我们做产业的人需要深刻反省产业的底层文化逻辑问题。着眼未来，我们要从老龄社会新旧关联性产业的需求当中，寻找出新的发展路径。即便仅仅开发老年人消费市场，我们既要关注老年人本身的实际需求，更要关注与老年人消费决策相关的人的看法。从根本上说，我们无论做任何事，绝不能就事论事，而要从更大背景中找到真正的底层逻辑。

四是要从老龄社会背景下的新需求寻找突破。从经营战略定位角度看，我们需从老龄社会引发的新结构需求方面寻找信息化、数字化和智能化的突破口。特别是从老龄产业中的老龄文化产业、老龄健康产业、老龄宜居产业、老龄制造产业、老龄服务产业和老龄金融产业六大领域中，从那些成长性看好的优先细分产业需求中寻找信息化、数字化和智能化的切入点。其中有三个重点应特别关注，一是产品，二是服务，三是金融。

五是"互联网+"产业发展需转变战略运营模式。单独的"互联网+养老"举步维艰，必须走战略合作运营模式。首先需要寻找与各级政府、大中型企业进行战略合作的机会与可能,要从老年人和关联性人群之间找到合作业务的潜能,立足全局视角统筹设计"互联网+"产业的具体业务框架。

六是老龄产业信息化、数字化、智能化需打造三个平台体系。其一是打造老龄用品平台体系,其二是打造老龄服务平台体系,其三是打造老龄金融平台体系。

总之,"互联网+"产业在老龄社会背景下发展的根本是老龄产业的信息化、数字化和智能化,也就是数字经济如何拥抱老龄社会衍生出来的诸多细分需求。这是未来整个数字经济的重大主攻战略方向,也是宏观经济的新大陆,更是未来的新主流经济。我们需要解放思想,为宏观经济长期可持续发展提供新的引擎,也为企业自身在老龄社会条件下找到保持长远竞争力的可持续发展之路。

面向包容性城市的数字化创新探索

茅明睿
北京城市象限科技有限公司创始人、CEO，北京社区研究中心主任

"城市象限"主要以城市科学研究和实践为中心开展工作，其中也涉及老龄社会相关内容，包括利用数字科技在内的各种新的城市科学方法促进城市发展。我们在经过五六年的持续探索后发现，科技创新不仅是城市发展中的重要手段，同时也是落地实施过程中所必不可少的。

一、老龄群体的感知

（一）沉浸式社区调研

包容是个很大的话题，大家对包容的概念也有着不同的理解。现在有一些看法，认为谈到包容，就离不开残疾人、老年人、无障碍等话题，但这种看法或许有些狭隘。城市中的每个个体、每个群体都需要被包容。因此，包容概念不仅面向老年人、残疾人等，还应面向其他群体。

城市象限团队（以下简称"团队"）在进行数据方法研究的过程中发现，相比年轻人，老年人不容易被感知到。比如通勤的上班族容易被感知，原因在于通勤行为会留下大量出行轨迹。这些出行轨迹包括公交车、出租车、地铁、共享单车等，并且只要研究这些交通设施所沉淀的数据，就可以观测城市的通勤行为。早先使用智能手机的老年人并不多见，因此很难通过智能手机实现出行的有效感知。近年来，情况有所转变。为了系统性了解老年群体的行为特征，我们在探索初期运用了一些非大数据的传统方法，包括数据地图绘制、访谈等。

2019年和2020年，我们参与了"四名"汇智计划（北京市西城区发起的"四名"汇智计划，即名城、名业、名人、名景"四名"，旨在支持自下而上的名城保护活动，培育社会力量，推动共识建立，助力名城保护）。在该计划中，我们团队组织了在北京市西城区的延寿街开展社区观察的活动。期间，团队成员到社区做潜水式调研，24小时对不同公共空间中人的活动进行沉浸式观测，掌握不同群体在社区中的活动路径，了解包括儿童、老人在内的各年龄群体使用公共空间的方式和特征。此外，在老龄化程度较高的西城区鸭子桥社区，我们也进行了同样的观测。但是，这种观测由于其时间片段性和尺度困难性，很难对个体的完整行为进行系统观测。

（二）居民生活日志的发现

团队随后借助时空间行为学的方法，通过生活日志的手段进行观测，有效将志愿者行为进行量化。在龙泽园街道龙腾苑社区进行的实践探索中，征集了20岁至70岁的志愿者，请他们使用团队开发的日志调查工具，每小时拍照和填报进行的行为，以供数据收集。在经过持续两周的调查后，我们最终得出了针对这个社区不同年龄段志愿者行为的系统性观察。总体上看，志愿者们围绕休闲娱乐和生活琐事所花费的时间较多。其中，20多岁的群体主要是工作学习和休闲娱乐，生活琐事较少；30岁开始生活琐事就成为其主要的生活行为。

此外，还能观察到更加具体的行为差异。用餐方面，对于用餐时间，越年轻的群体用餐行为越不规律。比如20多岁的群体早餐、午餐、晚餐的时间可能拖延至10时、15时、22时。但年龄达到45岁及以上时，三餐时间将变得规律。

休闲活动方面，年轻人的休闲活动开始时间基本上是上午10时以后，并持续到深夜。从46岁开始，休闲时间不仅显著提前,总体时间也被压缩。而到68岁时,休闲娱乐时间开始得很早,结束时间大约在20时。生活琐事方面,20多岁的群体几乎没有生活琐事,到30岁后才逐渐增多,50多岁的群体的生活琐事最多,上有老下有小,琐事往往会持续到23时以后。60岁后,为生活琐事所困的情况出现缓解。生活学习、康体锻炼方面,生活日志的结果颠覆了认知,直觉上年轻人往往更具活力、热衷锻炼,但实际上年轻人的锻炼行为远少于中老年人,并且缺乏规律性。老年人由于身体老化,对身体健康的关注度更高,锻炼时间更多。从性别看,从锻炼、生活琐事、休闲娱乐、工作学习到交通出行、用餐时间、活动半径,中老年女性与中老年男性之间都存在着较大差异。

(三)热线的发现

近年,团队广泛使用热线电话的数据对老龄群体进行研究。热线中质量最好的是市民服务热线12345,其能够直接反映市民诉求。通过与政府合作,我们利用脱敏后的诉求数据开展一些城市问题的研究。在对热线电话的诉求数据进行关联分析后,我们发现,小区的建成年代与小区居民的诉求有着紧密联系,并存在显著差异。1990年建成的小区,关于拆迁、房屋修缮的诉求急剧增加。建成距今四五十年的小区,住房困难、补助救助的诉求较多。这虽然与我们的认知基本一致,但能够清晰地将数据可视化,是非常有意义的。另外,可将居民诉求与小区老龄化程度进行关联分析,比如老龄化程度不同的小区在居民诉求上有怎样的差别。最典型的差别是，老龄化程度高的小区，住户与物业公司之间的纠纷较多。在年龄差异方面，我们发现，45岁之前的人拨打110报警电话的更多，45岁之后的人拨打12345市民服务热线的更多。可以说，人随着年龄的增长，关注点会从国家大事向家长里短转移。

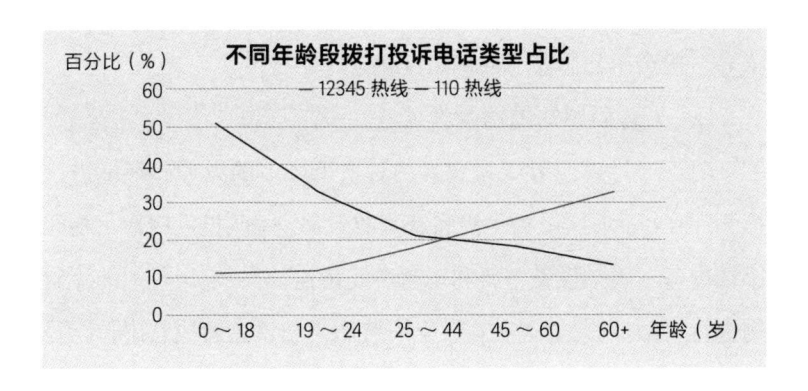

不同年龄段拨打投诉电话类型占比

（横轴：年龄（岁），纵轴：百分比（%）；图例：—— 12345热线 —— 110热线）

二、无障碍环境的提升

（一）无障碍环境调查

1. 志愿者行为观察法

如何对城市无障碍环境进行干预？又有怎样的提升手段？对此，在2019年世界盲人日，城市象限团队联合红丹丹文化助盲和一览众山小团队在北京市朝阳区亮马桥附近共同组织了盲童盲道活动。在1.6千米的测试道路上（其中盲道1.2千米）对盲童志愿者的步行情况进行观测，随后的数据与分析结果让团队成员受到很大冲击。测试路段中,身体健全的人只需转 7 个弯,而盲童志愿者则需转 77 个弯才能通过。原因在于道路中存在大量井盖和障碍物需要绕开。同样一条路,盲童的步行距离是常人的 1.65 倍。此外,通过测试路段过程中,盲童志愿者的情绪变化同样能够进行观测,短短 1.6 千米道路中存在着 543 个使盲童志愿者困扰、烦躁的障碍点,比如盲道中断、道路积水和道路狭窄等,均会引起志愿者的情绪变化。

2. 无障碍感知的探测尝试

由于通过志愿者行为观察法对整个城市的无障碍环境进行检测存在巨大困难,为了提高观测的效率,团队投入制作了物联感知设备。感知设备主要利用超声波雷达,对一定半径内的障碍物进行自动探测,通过在盲杖上安装超声波雷达解决其出行路径的无障碍问题。随后,我们在朝阳区双井地区 5 平方千米内的道路进行测试,通过雷达反射观测盲人在行进过程中的障碍问题,从而掌握区域内的障碍到底是由于无障碍建设还是无障碍接驳导致的,抑或是城市管理导致的,并基于此进行针对性改进。此后在美国也有类似的创新,开发的智能盲杖能够通过计算机实现视觉识别障碍,但 640 多美元一根的造价将给盲人带来严重的经济负担。

(二)无障碍普查案例实践

团队基于城市的空间数据,对空间对象进行标准化编码并将其与调研选项相关联,提升了城市无障碍调查的效率。地点同样为双井地区，团队对该地区 600 余个城市道路、公共交通设施的地物及 700 余个公共场所建立了图集、数据库，并将空间基础设施和无障碍选项进行关联后，请志愿者进行选择，从而形成城市无障碍评价结果，比如无障碍设施是哪些，哪些设施存在问题。如有改造需求，可将调研结果变成诊断建议发放给施工单位，施工单位可按照建议进行整改施工。另外，通过在新街口街道的无障碍提升工作发现，政府能够解决的空间问题仅占少数，绝大多数无障碍问题还需各类业主共同支持解决。

老龄社会的中国方案

第 6 章

银发中国独有医疗难题的半市场化探索

> **房志武**
> 万户良方科技有限公司创始人、国务院医改专家委员会第一届委员、西安交通大学特聘教授、老龄社会 30 人论坛成员

医改工作已持续进行多年,从宏观角度谈,医改工作非常复杂,目前有八个部委比较积极深入地参与医改工作。但相互之间的关联是什么?某个部委出台政策对其他部委所主管的行业有何影响,以及产生的连锁反应是什么?这都值得我们深入研究。另外,从年龄和费用的相关性来看,人的大部分积蓄会消耗在人生的最后几年中。由于中国人口老龄化的持续性与特殊性,医改过程中也凸显出中国独有的医疗难题,这已引起政府和社会的广泛关注与高度重视,并对此进行相关领域的半市场化研究与探索。

一、产业的治理——数字化工具

(一)医改"三大战役"的紧迫性差异

国家医疗改革最成功的是保基本部分,过去十余年,包括新医改前后,所有年龄层群体的基本医疗费用都得到一定程度的保护。国家基本医保分级诊疗体系、社区三级医疗体系相继建成,可以说保基本工作已完成。随着20世纪60年代出生的人群步入老年,从医改角度讲,这部分人退休后,由于患糖尿病、高血压等慢性病逐渐开始使用社保。未来10余年,约2.8亿人将逐渐进入老龄状态。预计2035年,老龄人口将达到现有老龄人口的近两倍。届时社会保险缴纳人数减少2亿左右,社保花费人数增加2亿左右。对此,社保资金如何解决,医疗供给是否充足,如何管理多数小区存在的三到四成老龄人群,都将是我们面临的挑战。因此,护老弱与医疗改革是下阶段的重点工作,需政府和企业、公益组织等通力协作才能推动。而扩市场则可依靠市场化手段。

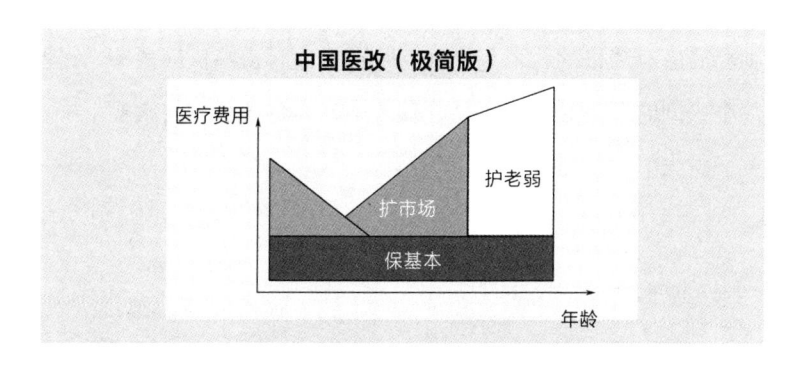

（二）大医院门诊的逐步剥离

关于医改工作，主要看物理性变化、结构性变化，这是大医院门诊承载服务的逐步剥离，以及糖尿病、高血压等慢性病诊疗和轻症的逐渐剥离。门诊一词的英文是"outpatient"，相对应的住院是"inpatient"，但我国一直将门诊工作放在医院中（in hospital）。实际上，医改政策的发展，国家社区医院、分级诊疗体系的建成，互联网技术的发展都在引导门诊逐步剥离。诸多互联网医院、处方流转平台等，均是大医院门诊业务的剥离。当然，这是近10年医改工作推动布局、投资建设的结果。10年前医改开始时，有个词叫作"急三慢七"，即急性病开三天药，慢性病开七天药，而当时医疗先进国家是慢性病开90天的药。这意味着医疗先进国家慢性病患者一年只需要开4次药，我国则需52次，并且无法远程开具处方、医保结算，患者需到医院进行漫长的排队等待，这也造成了极大的浪费，还带来了交叉感染的风险。大医院门诊的逐步剥离对老年人医疗服务的意义巨大，老年人对于看病难的主要抱怨就在这方面。如今问题逐步解决并且效果初显，但仍缺乏数字化治理的工具和手段。门诊服务逐步剥离后应有严格的约束和管理。管理有序将提高供应效率、管理效率，同时医生服务、药品管理成本甚至包装成本将大幅下降，意义重大。

医改很复杂，不过最大的物理性、结构性变化是：大医院门诊的逐步剥离

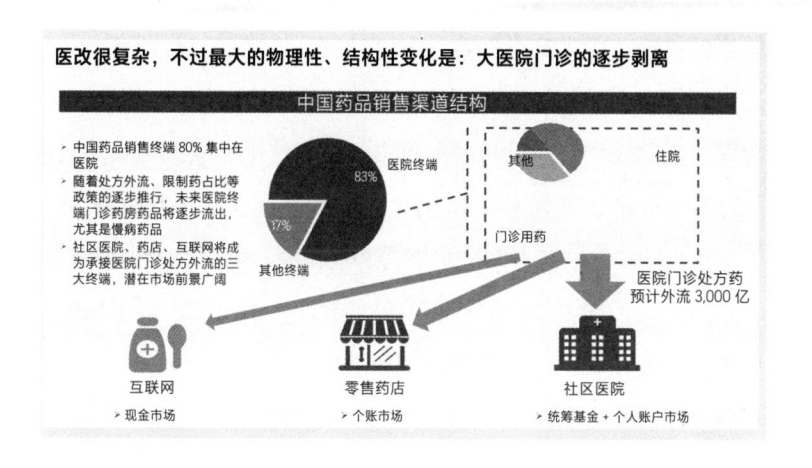

中国药品销售渠道结构

- 中国药品销售终端 80% 集中在医院
- 随着处方外流、限制药占比等政策的逐步推行，未来医院终端门诊房药将逐步流出，尤其是慢病药品
- 社区医院、药店、互联网将成为承接医院门诊处方外流的三大终端，潜在市场前景广阔

医院终端 83%
其他终端 17%
其他
住院
门诊用药
医院门诊处方药预计外流 3,000 亿

互联网
› 现金市场

零售药店
› 个账市场

社区医院
› 统筹基金 + 个人账户市场

（三）保险业应在医疗改革中发挥更大作用

2021 年《财富》杂志发布的美国 500 强企业排行榜中，若干为老龄人群服务的健康保险和福利管理公司名列前茅，这些公司承接了美国国家医保局和美国卫生部的诸多任务。它们主要提供 65 岁以上人群的医保服务和相关药品、健康管理服务、保险产品等。反观中国的保险业，仍停留在保险销售阶段，并且服务对象十分受局限，除国家医保外，健康保险主体为 60 岁以下人群，这将造成民众老后的保障大幅降低。

医改工作中，常被忽略的是商业保险的意义。近期，国务院常务会议中三次提到要加强建设老龄人群的商业保险产品，国家关注度很高。但保险公司认为老龄人群风险较大，因此开发老龄保险产品积极性不高。国家已着手解决此类问题，在政府指导下，在诸多城市推出城市保险，如北京的普惠健康保等。除保险公司外，老人本身保险意识也较差，特别是农村留守老人，这也是导致实际参加商业保险的老人群体较少的原因。此类问题均需通过制度和专门设计的项目去解决。这里需强调健康险，我国保险行业现状是老人参保率低、老龄产品过少。这方面需要的不只是保险产品，还涉及诸多医疗相关事宜，医疗工作中最重要的是治未病。相关保险的核心不只是收取保费，更重要的是防止慢性病转成大病，比如如何减少和避免三高引起的心衰、肾衰、心肌梗死、脑梗。

国际社会在此方面的工具和公司，无论是软件工具、数字化工具和服务，还是相关公司，多数是保险行业催生的，而并非像通常理解的那样由卫生系统、医院在管理、推动。医学分成两部分，即临床医学和预防医学。临床医学治已病，是医生的工作；而预防医学是预防得病，即中医的"治未病"。治未病在国际上是通过数据分析人的健康风险、做风险画像，并提供健康管理建议。而整套完整的技术和工具，其背后有保险作支撑。因此，预防医学的很多工具是建立在保险金融产品和服务的基础上的。此类工具是我国较为欠缺的，这也造成了我国独有的医疗问题。我国的多数老人，既没有商业保险，也不具备预防医学知识，需引起足够重视。

总之，在老龄化社会进程中，预案不足将直接影响平均寿命和民众幸福度，导致诸多非必要的医疗支出，造成医保和财政的巨大压力。补充医保，特别是老年人群的补充医保不足，老年人群保险产品匮乏。但从积极角度看，近年已开始尝试与探索。

（四）中国城市慢病总费用分解

慢病总费用高是独有难题中的问题之一。老人频繁到医院开药，浪费了自己的时间，也对整个供应链造成了极大浪费。究其原因，一是由于销售与采购过程尚未采取数字化治理手段，患者个人造成的医疗费用损失较大，比如药品过期严重，很多药品并未被服用，未发挥其作用。二是医生造成的过度医疗、不合理用药、低水平用药等浪费现象也颇为可观。三是流通体系的巨大浪费。四是药品生产企业在营销、包装和生产组织上产生的浪费。因此，管理好慢病总费用，既能减少药品浪费、降低药品价格，还能节约民众的时间和金钱。

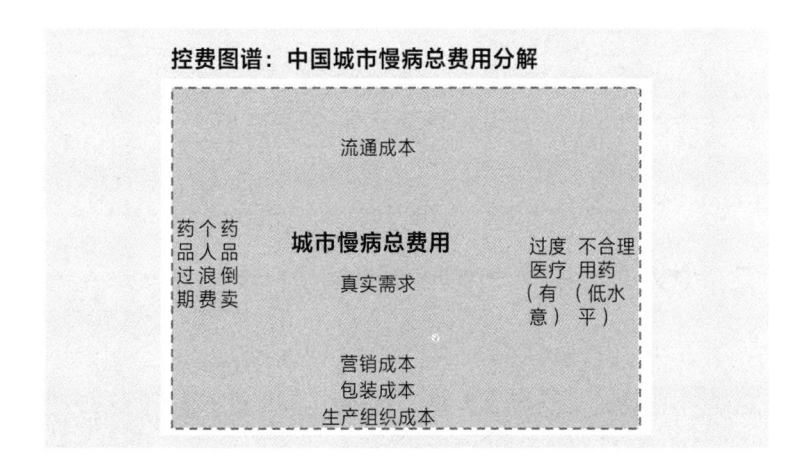

控费图谱：中国城市慢病总费用分解

- 流通成本
- 药品过期｜个人浪费｜药品倒卖
- **城市慢病总费用** 真实需求
- 过度医疗（有意）｜不合理用药（低水平）
- 营销成本
- 包装成本
- 生产组织成本

对于上述问题，无论是借鉴国际经验，还是通过国内制度优势及发达的数字化、信息化技术，均可做出有效应对。且该应对应分为初、中、后三个阶段逐步进行，若第一部分工作没完成，后续工作将无法开展。因此应对不能过于超前,需有投资,国家需出台行业标准,包括老龄工作的临床路径、数据编码、处方集、临床指南,以及医保支持机制、医生支持机制等。

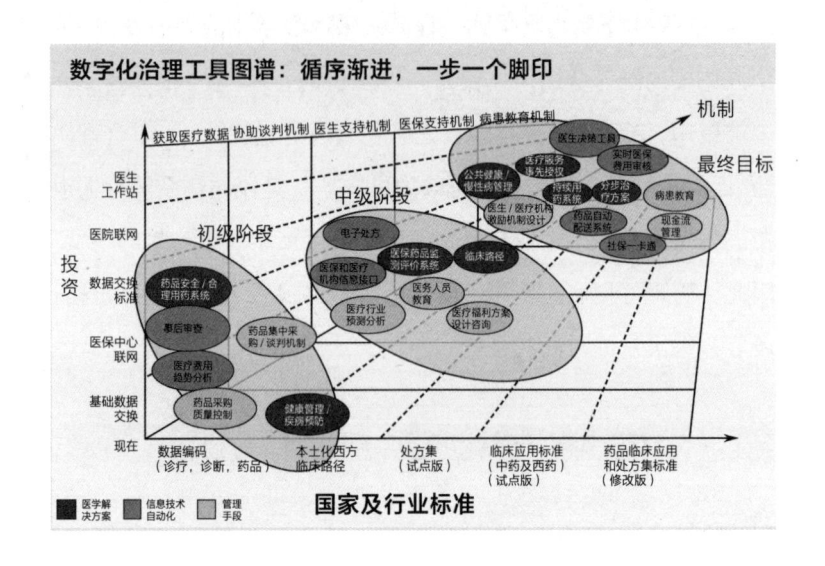

数字化治理工具图谱:循序渐进,一步一个脚印

二、个体的幸福——市场化供给

医疗改革中,对患者来说,命、钱、急是真正重要的,时间的前门、后门、上门是相对重要的。

1. 前门问题

医院前门无非是住院手术,这方面国家已经解决得很好了,无论是外科大夫的手术技艺,还是住院和手术的等待时间,均不亚于绝大多数发达国家。

2. 后门问题

目前医疗行业最被误解概念的是健康管理,健康管理引起大家高度关注,保险业甚至专门发了允许将净保费的20%作为健康管理费的相关文件。但是到底什么是健康管理？支付方购买的服务是什么？该服务通常被称为"绿色通道",但绿色通道并不能降低发病率、延长生命,所以绿色通道对健康管理的扭曲和拖累非常严重。这就导致保险行业宝贵的保费中的部分资金用到了错误的方向,用于"走后门"。

3. 上门问题

送药上门虽有价值,但无法解决看病难的问题。因为看病难并非单纯难在出门买药的问题,这并不是看病贵、看病难的核心问题。

真正有待解决的难点之一在于,病人紧急情况下找不到相应的医生,对此互联网应发挥作用。还有一个核心问题是价格贵。而社会解决方案就是国家、保险和个人多管齐下。对多数人来说,金钱比时间重要,随着老龄化社会进程的发展,金钱将更加重要,因为对于老人,最充裕的就是时间。但相比金钱,生命更加重要,也就是要治未病,挽救生命、延长生命。如果没有支付方的解决方案,没有为患病后的灾难花钱的人,就没有人为减少花钱的工具买单。从体制机制上来讲,看病贵、看病难和治未病三大难题息息相关,必须循序渐进,目前我国仍在努力解决前两件事。

个体对于医疗的诉求全景图

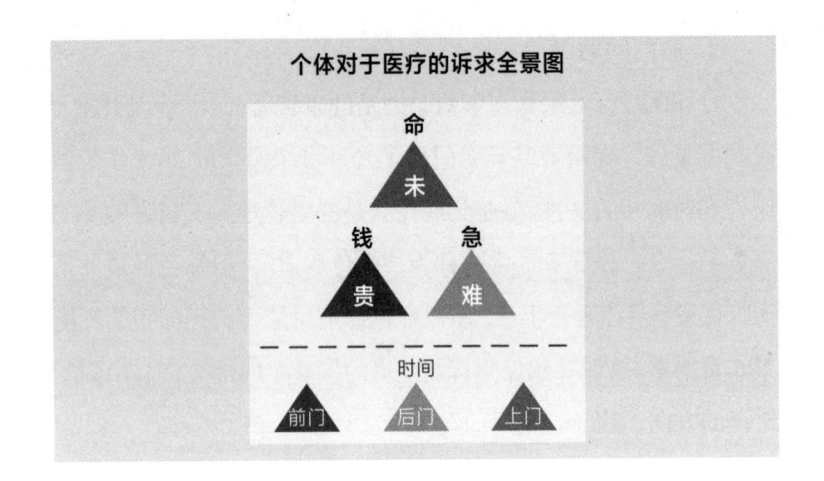

- 命 / 未
- 钱 / 贵
- 急 / 难
- 时间
- 前门 / 后门 / 上门

关于国家资金是流向补供方还是补需方，我国医改的顶层设计已经有过 10 年之辩。增加对医院的投入与增加对医保局的投入，民众从中获得的幸福感是相同的。而从专业区分，用于应对尚未患病民众的资金应供给医院，用于应对已患糖尿病、高血压等慢性病民众的资金应由医保局安排。

实现个体幸福需依靠市场化供给，只有企业才会提供各种新产品和服务。所谓三医联动，医保是国家医保占绝对主导；医疗分为大医院医生、互联网医生和社区医生；医药分为大医院药房、网络药房、街面药店和社区医院药房。目前存在四种主流模式。一是云平台，云平台既不是医院也不是药店，仅提供平台，连通大医院医生、街面药店和国家医保。二是云医院，扮演医疗医生角色，连接互联网医生、街面药店和国家医保。三是云药店，连接社区家庭医生、网络药房和国家医保。四是云社区，连接社区家庭医生、社区医院药房和国家医保。

新时代科技创新的四大模式

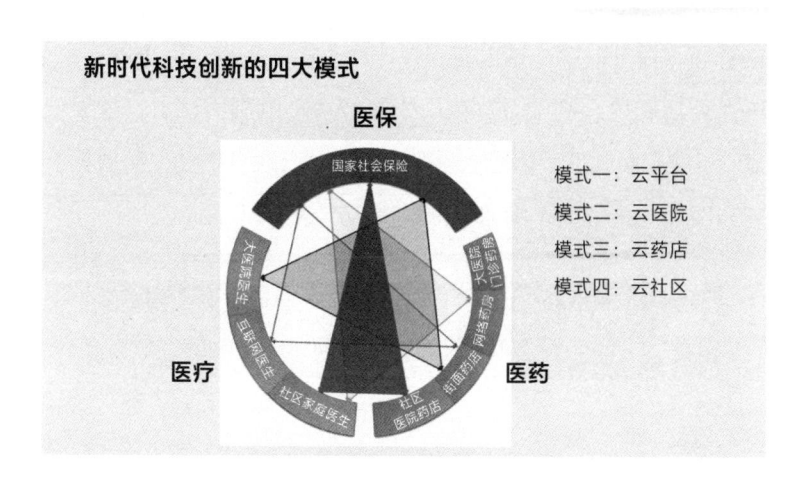

模式一：云平台
模式二：云医院
模式三：云药店
模式四：云社区

提升个体幸福感需在有限资源条件下解决管理问题，特别是重点人群的管理。比如，中型城市人口约 300 万，慢病患者约 60 万，其中需要管理的仅约 10 万，占比约 3%。通过数字化工具与数字化治疗对这一小部分群体进行科学管理，将有效管理慢病医疗费用的 80%。

另外，建立院墙外的三医联动体系，其改革意义关键在于医疗和药品。医疗是通过技术手段把无序变为有序，医疗就诊需逐步、有序进行。药品供应体系从被动变主动，通过大数据将医院药房或街面药店变成设计好的供应体系。

无序变为有序。医疗行业面临的较大问题是无序，信息化时代，通过电脑就能将其变得有序，但目前尚未完全做到信息化、数字化管理。数字化时代，人流、物流、信息流均可分开管理。"订奶式订药"的有效开展将对老龄化社会产生较大帮助，在区域内收集患者信息并为患者统一预订相应的药品，有助于进行成本管理，提升效率。这也需要管理产业供需平衡，需全国厂家、医保药店和民众的配合。该模式曾经在小范围内试点，效果明显，但推广面临巨大困难，还需市场和政府联合推动。而数据管理和医保对接方面，则需要国家进行严格管理。

"订奶式订药"促成患者行为改变
——PBM 城市级中心式药品集约供应模式的成本和效率优势

产业供需平衡，降本增效

有了患者稳定复诊和取药的管理，厂家可实现以需定产
（患者团购条件成熟）

第三极
中心药房（PBM 药房）
· 1～5 家中心药房
· 长期规律性重复用药

慢病

PBM 处方评估系统指导医生赋能和患者教育重点
患者遵从性提高，签约—履约—稳定复诊实现

PBM 福利 + 健康护照提高患者获得感，惠民 + 便民

中心式药房集约供药成本大幅下降
五大成本节省（房租、人工、库存、配送、资金）

三、群体的公平——平台式公益

群体问题在老龄社会到来时会更加尖锐。群体如何划分？主要从年龄、地理位置、健康状况、经济状况四个维度，划分出最需要通过半市场化手段解决的 10% 的人群。而这 10% 的人群兼具 4 个特征：60 岁以上、农村留守、有慢性病基础、经济状况较差。该群体由于经济条件差，无法参加商业保险或被保险公司拒保，同时对互联网接触较少。总之，目前相当部分人群，特别是

农村留守老人群体,商业补充保险的参保率极低;该群体也是因病致贫、因病返贫的主要人群,他们的健康意识、防病治病意识较差。诸多研究结果显示,该群体由于经济原因放弃治疗的现象较多。他们与城市老人相比,面对疾病的理念完全不同。

应对老龄化社会不能仅服务个体公众,更不能完全依靠慈善。上述10%的人群,实际上消耗了约40%的医疗费,最后导致需所有人分担此费用。忽视弱势群体,将造成更大的损耗。因此,这并非简单的慈善捐助问题、道德问题,而是涉及社会解决方案,是技巧问题、科技问题,也是金融收入分配问题。具体来说,如何管好、吸引这类人群,解决其报销与治疗,从而减少全社会和个体医疗花费问题,均可通过技巧和设计社会方案来解决,所以将其称为"半市场化解决方案"。对此,我们也进行了诸多探索,其中之一是公益捐献。通过对城市富裕人群的药品管理,将节省出来的费用给农村老人捐助保险,不需要收取费用但需要其接受健康管理。

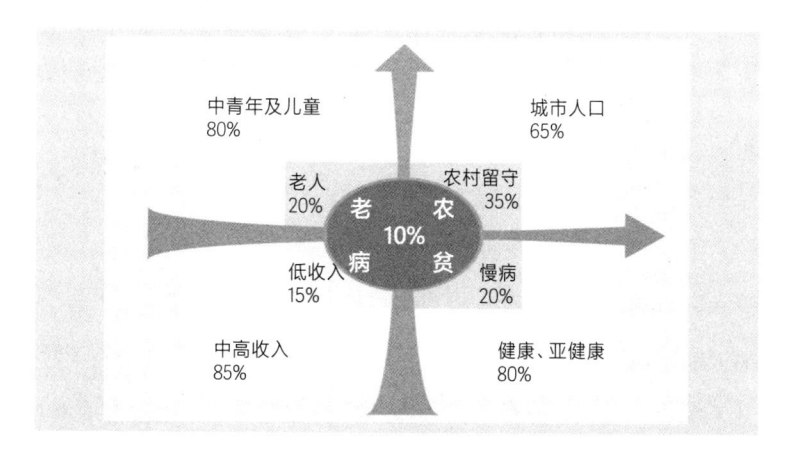

中青年及儿童 80%
城市人口 65%
老人 20%
农村留守 35%
老病 10% 农贫
低收入 15%
慢病 20%
中高收入 85%
健康、亚健康 80%

（一）使命与目标

在以往工作中，我们一直秉承两个使命，一是提高大病保障，用公益事业破解老龄高危人群商业保险保障缺失的难题。二是减少药品浪费，包括引导个人向善、引导企业向善。个人向善是按需配药、不浪费、不滥用。企业向善则是以需定产，环保包装，降本增效。基于使命的工作目标有三。

第一，社会保障创新。对此，一是要破解死结，聚焦高危人群。目前，普通保险公司谈老人色变，但总需跨界交流、探索尝试，这也并非想象中那么困难。二是要纠正时弊，承担社会责任。我国保险大多为12个月的短期保险，难以应对保险期间患病、再投保就属带病状态参保人的尴尬局面。此问题不解决，社会将面临较大压力，同时这也意味着保险行业的不健全。三是要强化公益，合理设计共赢。不追求利润，所有结余留存，用于下一年的患者福利。

第二，引导个人向善，减少药品浪费。据不完全统计，我国每年的药品浪费约有9000亿元。绝对没有浪费是不现实的，但我们可以努力减少浪费，节省的资金可用于增加社会保险等方面。药品浪费不仅是经济问题，还会造成环保问题。如该问题管控得当，将同时缓解药品浪费和保险保费不足两大问题。

第三，引导企业向善，减少生产浪费。患者按需配药，企业梦寐以求的"以需定产"将成为可能。波动少，周期长，可省下绝大多数包装成本（纸盒、锡箔、说明书等）；同时其他生产环节（设备、人工、原料）也会因需求侧的稳定而实现降本增效，以需求侧改革推动供给侧结构性改革。

（二）用技术创新破解三大难题

技术平台主要由三个数字化工具模块支撑，三个模块互相紧密衔接、联动。我们一直所讲的三医联动，医疗、医药、医保，分别代表老龄保障问题、中心调配问题、大病预警问题，均可运用数字化手段解决。但最大困难并不在技术层面，而是如何在行业中落实。

> **💟 数字引擎**
>
> **用技术创新破解三大难题**
> 技术平台主要由三个数字化工具模块支撑，互相紧密衔接
>
> **第一模块：老龄保障**
> 专业风控和精算决策引擎，破解保险行业不敢承保3亿老年慢病人群的国家级难题
>
> **第二模块：中心调配**
> 精密数字化管理，按需配药＋以需定产，环保包装，减少浪费、滥用和污染，保护医保基金安全
>
> **第三模块：大病预警**
> 大病智能筛查＋风险画像，降低大病发生率，早发现、早治疗，保护人民群众生命财产安全
>
> 三医联动，生生不息，形成良性循环的可持续平台公益

时间银行的发展与前景

蔡俊
芳邻时间银行 SaaS 平台创始人、
中华志愿者协会社区志愿者委员会
时间银行项目负责人

一、时间银行的起源与发展

（一）时间银行的先驱

谈到时间银行的起源，很多资料都会介绍美国的埃德加·卡恩教授，几乎鲜有人提起水岛照子。实际上日本的水岛照子才是第一家现代时间银行的创建者。她认为时间是每个人都拥有的资源，只要使用得当，时间比金钱更有价值，而且不受通货膨胀的影响。用时间作为货币还可以培养人与人的友谊，创建互相关怀的社会。时间货币可以奖励家庭妇女或从事家庭照护的人员，因为在传统的工资制度下没有给这些工作提供报酬。1973年，水岛照子将她的方法付诸实践，创办了"志愿劳动银行（VLB）"。由于志愿劳动银行有思想理论与制度设计，并且正式使用了"银行"这个名称，因此，可以说它就是第一家现代的时间银行。随后，水岛照子发挥其口才优势，除在电视台上频频露面外，也到日本各地演讲，很多人受其影响相继加入了志愿劳动银行。1979年，志愿劳动银行建成了全国性网络，最高峰时有4000人加入。1998年，志愿劳动银行因为受日本法律的限制更名为"志愿劳动网络（VLN）"。

水岛照子
（1920—1996）
第一家现代时间银行的创建者

（二）日本时间银行

日本的全国性时间银行组织数量较多，规模较大，比较有代表性的是志愿劳动银行、日本护理系统协会（JCSA）、日本活力生活俱乐部（NALC）这三家。日本时间银行的形式非常丰富，日本活力生活俱乐部是由日本松下电气前工会负责人高畑敬一退休后秉持松下电气服务社会、为社会创造福祉的企业理念而创建的,最高峰时人数达到3万人。该俱乐部成员以退休男性为主,让男性从事家庭照护工作,挑战了日本传统社会对两性的看法。从运营方式上看,日本的时间银行各具特色,其中志愿劳动银行采用时间等值方式运营。而由于日本有比较强的互惠文化,产生了时间和金钱的混合制时间银行,并在法律上得到了认同。1998年,日本政府颁布了《特定非营利活动促进法》,允许一定范围的志愿活动可以收取费用。从活动方式上看,志愿劳动银行采用小团队方式。水岛照子认为小规模团队服务效果更好。志愿劳动银行的服务范围非常广,有一百多类。该组织规定每人每月必须参加2个小时的志愿服务,除孕妇和高龄妇女外,其他人全部参加,并且这2个小时不计积分。在成员之间开展个人对个人的志愿服务,就是用时间积分进行交换。日本护理系统协会后来向专业路线发展,成为日本护理人员培训的主要力量。日本活力生活俱乐部成立时间较晚,它规定现金收入不允许为个人所有,全部用于组织运营,并且其社交属性较强,规定了积分可以赠送,但不能兑换金钱。这一点在志愿劳动银行里也有所规定,水岛照子认为兑换现金有违整个时间银行体系的初衷。

主要时间银行特点比较（2021）

	志愿劳动银行	日本护理系统协会	日本活力生活俱乐部
分支机构	60家	26家	96家
分布范围	城市	农村	城市
参与者	家庭主妇之间的互助服务	成员为中年妇女 服务对象是居家老人	退休男性、活力老年人之间的互助服务
模式	时间等值	时间不等值、混合制	时间不等值、混合制，现金收入用于组织运营
特色	每个团队规模6~10人，服务范围有100多个小类，每人每月2小时志愿服务	向专业化发展，成为日本护理人员培训认证的重要力量	社交属性强，积分可赠予，不能兑换金钱

（三）时间银行之父

时间银行发展历史上的另外一位重要人物是埃德加·卡恩。卡恩发明了"时间美元"这一名词，成立了时间美元研究所，开始研究时间银行。卡恩认为如果没有足够的法定货币来解决某些社会问题，就可以创造一种新的货币来实现人们要做的事情，用时间作为货币可以减少不平等，防止社会弊病。1987年，卡恩在担任伦敦经济学院研究员期间，完成了时间银行理论的论述。他认为传统社会服务最大的问题就是不愿意接受被服务方的服务，不愿意认同他们的价值。传统服务方式是基于"赤字"的社会服务方式，他认为基于"资产"的社会服务应该是每个人都可以为社区作出贡献，时间银行可以让个人和社区实现自助自立。他的研究成果得到了美国政府和很多基金会的支持，时间银行开始广泛应用。美国时间银行涉及少年司法、教育、公共住房、社区建设、儿童和老人服务等诸多领域。1995年，卡恩成立了美国时间银行（TimeBanks USA），这是一家时间银行支持机构，帮助各个地方时间银行机构的创建和运营。该机构还开发了时间银行系统，提供给各地的时间银行使用。

埃德加卡恩
（1935—2022）
时间银行理论建构者

（四）时间银行的核心价值观

2000年，卡恩在其著作中正式提出了时间银行的五个核心价值观，即"资产、重新定义工作、互惠互助、社交网络、尊重"。"资产"是指每个人都有一些有价值的东西可以与他人分享。"重新定义工作"是指有些工作在传统观念里不被视为工作，因此无法用金钱支付，时间银行旨在奖励、认可和表彰这类工作。"互助互惠"是指帮助是双向的，每个人既是接受者也是给予者。传统的志愿服务虽然在讲互助，但大部分服务都是单向付出，从某种意义上看，时间银行中并没有专门的志愿者身份，因为每个人都是志愿者，能被他人服务，也能服务他人。"社交网络"是指通过扎根基层，用信任和网络来建立有支持、有力量的社区。"尊重"是指努力尊重人们的当下。尊重是人们所重视的一切的基础。

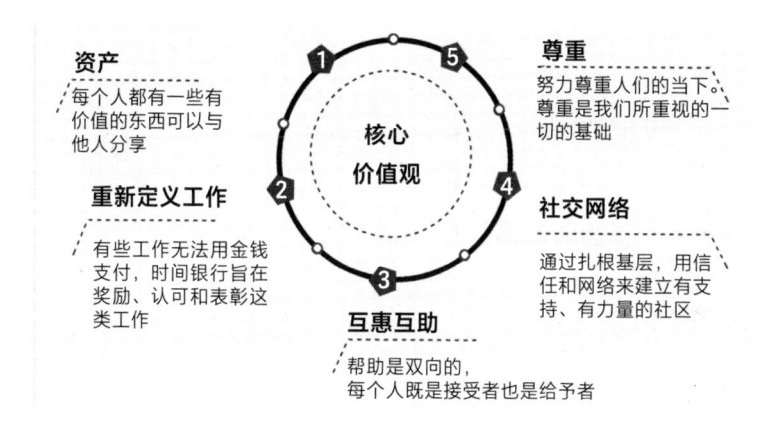

```
         ① 资产
每个人都有一些有
价值的东西可以与
他人分享

         ⑤ 尊重
努力尊重人们的当下。
尊重是我们所重视的一
切的基础

核心价值观

         ② 重新定义工作
有些工作无法用金钱
支付，时间银行旨在
奖励、认可和表彰这
类工作

         ④ 社交网络
通过扎根基层，用信
任和网络来建立有支
持、有力量的社区

         ③ 互惠互助
帮助是双向的，
每个人既是接受者也是给予者
```

（五）美国时间银行

美国时间银行对时间银行是这样定义的：时间银行是一种基于时间的货币。给他人提供 1 小时服务获得 1 个时间信用，可以使用该信用接受服务。这个定义从操作技术的角度对时间银行进行了阐述，比较容易理解。但是对时间银行的本质解释得并不够深入，而且这个定义还规定了时间银行的等值模式，1 小时服务累积 1 小时信用，不同劳动之间没有区别。从数据上看，美国时间银行人员规模并不大。另外，在美国，100 人以上的组织相对比较活跃，这与水岛照子的想法有所差异，水岛照子认为 6 到 10 人最为恰当。

活跃的三家时间银行数据

时间银行名称	成员数量（人）	交换次数（次）	交换时长（小时）
弯曲河时间银行联盟	427	31,708	93,375
邻居-2-邻居	328	30,988	211,191
布拉特尔伯勒时间交易	186	20,419	60,333

（六）英国时间银行

英国是全球时间银行发展过程中非常重要的国家之一。20世纪90年代后期，高福利政策使得英国政府财政承受了巨大压力，政府开始将照顾责任向民间转移。1997年，英国政府邀请卡恩到英国演讲。1998年，英国第一家时间银行Fair Shares社区时间银行成立，随后时间银行在英国普及。其中的重要原因之一，是当时执政的工党政府将时间银行作为一种社会关怀和社会包容的工具在全国推广。2002年，英国也成立了英国时间银行（Timebanking UK），这个组织和美国时间银行机构类似，同样是时间银行的支持性机构，主要支持各地区时间银行的建立和运营。2020年，英国时间银行先后支持了全国278家时间银行的创建，交换了约600万小时。

（七）中国的时间银行

1999年，上海率先开始运营时间银行。随后，从中央到地方的各级政府出台文件鼓励发展时间银行。在政策的支持下，各个地方社会组织纷纷响应并开展时间银行的运营。2020年，民政部在制定的行业标准《志愿服务基本术语》中对时间银行进行了定义,即"为促进志愿服务可持续发展,建立的志愿服务时间存取机制"。这是从志愿服务的角度对时间银行进行了肯定。2021年,中国红十字会发布全国时间银行调查报告,其中相关数据显示全国大概有240多家时间银行机构。

二、时间银行的类型、作用和问题

(一)时间银行的类型

从全球时间银行发展历程看,时间银行的应用领域非常广泛,并且没有固定模式。但是从研究角度看,仍然可以将时间银行划分为多种类型,需要说明的是这种划分是为了方便研究而进行的人为划分,在实践活动中并不存在非此即彼的区别,时间银行是一个动态的工具,所有的应用都应该符合机构自身所确定的原则。

根据运营理念划分,可分为古典式和变体式的时间银行。古典式是指水岛照子和卡恩所定义的,所有类型的服务时间都是等值的,时间积分只用于服务的交换,没有其他应用场景。变体式是指不采用等值方式,对不同的劳动赋予不同的价值,积分有更多的应用场景。

根据组织形式划分,可分为独立式和嵌入式的时间银行。独立式是指基于社区创建,将社区里不同背景的人组织在一起开展互助服务,实现特定的目标。嵌入式是指将时间银行嵌入组织内部或项目内部。

根据服务内容划分，可分为邻里互助式和专题式。邻里互助式是指以社区建设为目标，动员社区所有人参加。专题式是指时间银行针对一个具体的社会问题开展运营。

根据加入方式划分，可分为会员式和开放式。会员式是指加入时间银行有一定条件，比如年龄、性别、服务时长等。开放式是指加入退出比较随意，没有严格的身份限制条件。

根据参与对象划分，可分为三种。第一种是个人对个人，这是目前比较流行的去中心化的组织方式，个人可以直接在平台上提出需求，其他人看到后马上就能提供服务，并不需要一个中心化机构做协调对接等工作。第二种是个人对机构，现在传统志愿活动开展就是这种方式，个人为实现组织的目标而工作，组织对个人提供激励。第三种是机构对机构的模式，这种模式有利于拥有共同目标的组织开展合作，共享资源。

运营理念
古典式　变体式

组织形式
独立式　嵌入式

服务内容
邻里互助式　专题式

加入方式
会员式　开放式

参与对象
个人对个人　个人对机构　机构对机构

(二)时间银行的作用

时间银行有利于增加和强化人与人之间的纽带,改善邻里关系。从经济角度看,时间银行使个人、组织、社区三方获益。于个人而言,参与时间银行可以满足生活、工作中的一些需求,就会有更多的时间去从事有报酬的工作。对组织来说,参与时间银行可以提高组织知名度,节省组织运营成本。社区运营时间银行,可以发展社区经济,鼓励本地消费,让财富留在本地,甚至在货币稀缺的时候能够促进本地的商品交易,发展经济。从资源角度看,个人、组织和社区加入时间银行可以获得更多资源链接。个人可以获得技能成长,组织可以与志愿者和其他组织建立更紧密的联系,社区可以获得更多的服务,增加服务的供给。从精神层面看,加入时间银行个人会有成就感,积分在手也有仪式感,因为得到了社区支持,同时也获得了安全感和幸福感。

(三)时间银行的常见问题

第一,时间银行是否违背志愿服务的精神?志愿服务的三个基本特征是志愿、无偿、利他。时间银行有积分回馈,是否意味着是一种有偿服务呢?这个问题的关键在于对"无偿"如何理解。首先,加入时间银行并非以获得回报为目的,主要动机是帮助他人,而不是获得回报。其次,积分的激励并非市场等价交换原则下的对等回报。从这两点看,时间银行并没有违背无偿的精神。

第二,时间银行的流通媒介是时间吗?时间银行拥有两套指标，一是时间指标，二是积分指标。时间是一项荣誉指标，只会增加，不会减少。时间银行中真正流通的媒介是积分。那么积分价值如何计算呢？目前有等值和不等值两种算法。两种算法没有绝对的对与错，采用哪一种是价值取向，取决于机构所有人形成的共识。认为人人生而平等，劳动没有贵贱之分，就采用等值方式运营。不等值方式也有存在的理由，它可以给予高附加值的工作更大的吸引力，能够增加时间银行的服务供给，特别是比较稀缺的服务供给。

第三，时间银行是否可持续发展。1973年，日本第一家时间银行出现，至今仍在运转，已经持续了50余年。英国第一家时间银行（Fair Shares社区时间银行）已经开展25年。美国的Partners In Care时间银行于1993年成立，现在运营良好。这家时间银行运营至今的重要原因是很好地解决了资金问题。该时间银行主要在社区里开展为老服务。他们将服务分为两类，大量的基础服务是免费的，以时间银行的方式运营，增值服务收取费用。由于服务的都是老人，这个机构鼓励老人将自己的遗产捐赠给时间银行。而这些老人生前得到了时间银行很好的照顾，所以也愿意捐出遗产支持时间银行的发展。

三、时间银行的未来展望

（一）社区生态

时间银行未来将会如何发展呢？三年疫情后相信每个人都会有所反思，单一体系是脆弱的、没有韧性的，疫情中表现得尤为明显。即使没有疫情，也会有经济危机等社会问题。一旦再次出现危机，每个人、每个家庭要如何面对？这时候最可依赖的就是社区，但是目前的社区并没有形成独立的生态，依赖的还是整个社会的生态，不管是自然还是社会的经验都在告诉我们，只有多样性才能有韧性，维护好自己的栖息地就是在维护自己的生命。

（二）经济的多样性

经济和自然一样是多样的。经济就像一座冰山，露出水面的部分称为"市场经济"，但是在水面之下还有其他的另类经济。社区经济应该更多地从如何创造本地就业、增加社区财富、增加社会资本等方面进行模式的设计，让产品和服务融入更多本地本社区人文的内涵。根据联合国人类发展报告统计，全世界有将近40%生产性活动没有纳入GDP。社会学家将这些无薪劳动称为"核心经济"。众所周知，市场经济是由金钱驱动的，核心经济依赖的是社会资本的投入，市场经济强调稀缺的价值，要盈利。核心经济强调的是合作、共享和奉献。两者都可以为社会提供福祉，但是原则和价值观不一样，核心经济是市场经济的基础之一，可以创建整个社会的免疫力，当核心经济出问题时，则意味着整个社会会出现混乱，社区会出现凋敝的问题。可以说，时间银行实际上是建立核心经济的一套机制。

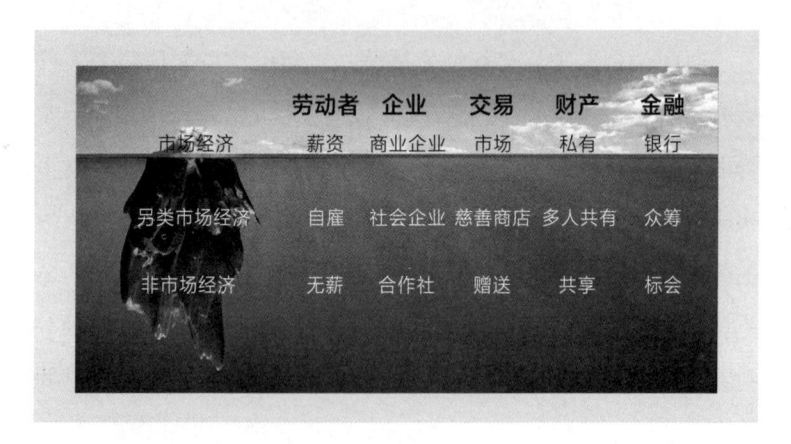

	劳动者	企业	交易	财产	金融
市场经济	薪资	商业企业	市场	私有	银行
另类市场经济	自雇	社会企业	慈善商店	多人共有	众筹
非市场经济	无薪	合作社	赠送	共享	标会

（三）时间银行构建社区生态

芳邻时间银行（以下简称芳邻）认为，时间银行是构建社区生态的基础设施。芳邻对时间银行的定义是：为增加社会资本、构建核心经济，以时间为价值尺度和流通手段而建立的与市场经济平行的互助体系。在这套体系中，时间银行的作用表现在三个方面。一是用时间银行链接社区各种资源。二是用时间银行形成完整的价值闭环。三是满足社区三大应用场景需要。第一个场景是人与人的链接，第二个场景是人与物的链接，第三个场景是人与事的链接。人与人、人与物的链接比较容易理解，时间银行如何用于人与事的连接呢？

(四)一人一票的困境

社区公共事务要用协商议事的方式讨论，最后进行投票表决。常用的表决方式是一人一票制的投票。下面结合目前的热点话题，来谈一谈一人一票的困境。电动车管理相关话题的社会舆情比较汹涌，很多人提出听证会代表根本代表不了自己，并主张在网上投票，以公投结果为准。但是，一人一票真能投出最好的结果吗？假设有三种角色的三个人，外卖小哥、城市管理人员和有车一族，分别对电动车如何管理进行投票。第一个选项是维持现状，第二个选项是规范管理，第三个选项是禁止使用。从三个选项可以观察到，如果在其中任意两项中选一项投票时，会陷入一个死循环。如果在维持现状和规范管理中投票，应该是维持现状。在规范管理和禁止使用中投票，就会变成禁止使用。总之，最后很难得出一个让所有人满意的结果。最后的结果就是到底哪种方式应该获胜会变得模糊不清。这种问题主要就是一人一票引起的，一人一票的方式只能选出相对喜欢的结果，但是无法决定喜欢的程度，这就会产生多数规则的危险，换而言之就是暴民统治，比如纳粹的兴起。此外，一人一票还会产生不理智地行使权利的情况。由于个人认知的局限或个人情绪原因的乱投票，都会导致很多问题。

(五)基于时间银行的议事规则

与一人一票制相比，二阶投票制或许是更好的选择。二阶投票制与积分有关，投票需要消耗积分，每张选票消耗的积分是票数的二次方，投一票消耗1分，投2票就消耗4分，这时边际成本变成3分，边际成本就是每增加一票所增加的分值，比如1票到2票就要多消耗3分，到3票的时候，每增加1票要多消耗5分，这就是二阶投票制。它的好处在于可以引导人们按照对问题的了解和关心程度理性投票。这种投票方式可以反映偏好强度，特别关注的少数可能压倒冷漠的多数。投票时，对于不关心的议题可以不投，积分可以保存，等到有与个人利益高度相关议题时，可以一次投出多票。另一方面，积分的稀缺性可以让投票者更理性，同时提高勾结、欺诈成本。二阶投票制由芝加哥大学教授埃里克·A.波斯纳和微软首席经济学家E.格伦·韦尔提出。将二阶投票制与时间银行的积分相结合进行社会治理是一种有趣的构想。在实际应用中，区块链的社区治理中已经开始采用与之相似的方式。基于时间银行的二阶投票制将能够形成一个更完善的社区治理的体系。

二阶投票制
投票消耗积分，选票成本是票数的二次方
引导人们按照对问题的了解和关心程度理性投票

作用
- 投票可以反映偏好强度，特别关注的少数可能压倒冷漠的多数
- 稀缺性可以让投票者更理性。同时提高勾结、欺诈成本

票数	消耗积分	边际成本
1	1分	1分
2	4分	3分
3	9分	5分
4	16分	7分
5	25分	9分
6	36分	11分
7	49分	23分

埃里克·A.波斯纳　芝加哥大学教授
E.格伦·韦尔　微软首席经济学家

共享养老前景如何[1]

张新红
国家信息中心首席信息师、信息社会50人论坛理事

在高质量发展、数字化转型、老龄化加剧的大背景下,共享养老有可能会成为化解养老困局的一柄利器。

一、共享养老呼之欲出

中国的养老问题很独特,也面临诸多独特的难题,需要寻求

---

[1] 本文是作者在第80期老龄社会30人论坛专题研讨会上的演讲实录,略有修改。

新的突破。

（一）现有养老困局需要打破

养老问题在中国受到广泛关注。年轻人对养老问题的关注度不亚于老龄人群，因为他们面临父母的养老问题，也开始关注自身养老。共享养老逐渐引起年轻人的兴趣，这对中国老龄社会是个好转变。

未富先老是第一大难题，中国在经济未达富裕阶段就已进入老龄社会。2021年，65岁及以上人口占总人口比重超14%。

超级老龄化是第二大难题。受政策及生育高峰期人口老龄化的影响，2050年中国65岁及以上人口比重预计近30%。

独生子女家庭是第三大难题。独生子女家庭占比约40%，这使得"养儿防老"模式难以为继。

人均寿命延长是第四大难题。医疗、卫生、科技发展使人均预期寿命快速提升，多数人退休后仍有20～30年时光，养老变得格外关键。

准备不足是第五大难题。社会对养老准备不充分，存在资源利用不平衡、效率低等问题。现有养老机构、养老模式的服务功能、效果不尽如人意。

家庭情况也警示我们：离婚率、空巢率增高，出生率、结婚率降低，抚养比提高，传统居家养老或子女抚养模式愈加困难。

（二）"三期叠加"呼唤共享养老

"三期叠加"指的是高质量发展、数字化加速发展与人口老龄化加速形成三个时期的叠加。这三个时期都对养老提出了新的挑战,也提供了新的机遇。高质量发展需要新动能,数字化可以为其提供支持,同时老龄社会也需要全面的数字化。共享养老成为数字化的一种新业态,为老龄事业、产业提供新的动能,为实现高质量发展提供能量和活力。在"三期叠加"的形势下,共享养老的发展前景看好,但仍需我们进行更多现实的思考与探索。

(三)什么是共享养老

所谓共享养老,就是利用互联网等现代信息技术,整合分散化的社会资源,以使用权分享为特征,满足多样化养老需求的经济和社会活动的总和。

在此定义下,可以对共享养老的内涵做出分析。共享养老是一种新的养老模式,与原有的、传统的养老模式有所差异,是共享经济或共享理念在养老领域的创新应用。众所周知,我们把共享经济定义为一种新业态,它是目前连接供需的最优化资源配置方式,也是迄今为止最有效的资源配置方式,它在养老领域也同样适用。与此同时,它也是一种新的养老理念,旨在用全社会资源服务所有老人,这是共享养老的终极目标。

共享养老具有三个特征。第一,依托互联网。比如一些养老模式可能具备某些共享养老的基因或雏形,但是它们并没有通过互联网动员全社会的资源,因此并不能将其视为真正或完整形态的共享养老模式。第二,使用权的分享。比如某种养老资源,无论是土地、房屋,还是人才、技能、资金,都可以通过共享用于养老,使用权可以分享,但所有权不变,也就是说,在所有者不用时能够允许别人使用。第三,海量的供需并自如对接。所有的资源拥有者和养老需求方都可以集聚在一个平台上,供给方和需求方都足够多。比如依托互联网平台,需求方不需要亲自踩点寻找合适的养老处所,而是可通过网络自动完成。

在此基础上,笔者对比分析了现有的养老模式,发现大多数都可以实现共享,即通过共享的方式让现有资源发挥最大作用。同时,任何人有任何的需求,都能够找到适合自己的共享养老的新模式。随着共享养老概念的传播与应用,将来会有更多的共享养老模式得以发展与扩充。

二、现有养老模式的共享化

共享经济是迄今为止最为有效的资源配置方式,在养老领域同样适用。目前所有已经出现的养老模式都可以通过共享化发挥更大的作用。

(一)候鸟式养老

候鸟式养老是选择在不同时间前往不同地点享受老年生活的模式,也称为"旅居养老"。人们可以根据季节选择适合自己的养老地点,例如东北人在冬季可以选择前往海南三亚居住几个月。未来,随着社会资源的发展,人们无须购买房产,可以选择共享的候鸟式养老模式。但目前这样的共享模式并不多见。为了满足更多人的需求，需要建立一个全社会共享的旅居养老平台，该平台可以共享老人在外地的房产等资源，并针对老年人的需求制定相应的服务标准。通过这样的平台，人们可以在合适的季节选择适合自己的养老地点，享受一段时间的旅居生活。

（二）抱团养老

抱团养老是由美国得克萨斯州四对夫妇发起的养老方式，他们在一个地方建造小木屋，实现"爱人在身边，朋友在隔壁"的生活。这种模式在国内大城市也有探索，但存在一些问题，有人质疑抱团养老的可行性。目前抱团养老仅限于熟人之间，实现真正的共享化可以减少矛盾，提供更多选择和灵活性。主要共享资源是场地，包括土地、房屋等养老资源。抱团养老是未来可能的养老方式之一，已经受到不少人的欢迎和期待。

（三）搭伴养老

搭伴养老在德国受到欢迎，这引起了笔者的注意。在考察共享经济的过程中，笔者要求考察团寻找并研究德国及欧洲其他国家特有的共享经济新模式。考察团介绍了一种新的搭伴养老模式，这种模式也有平台支持。搭伴养老是指个人自由组合形成新家庭一起生活的方式，不限于老年人间，年轻人与老年人也可搭伴。这种模式开始在中国一些养老院中出现，也有八九十岁的老太太受到男性追求。另一种搭伴模式是年轻人与老年人之间的搭伴。大城市中，许多年轻人因房租贵而难以承受，一些老年人的子女已不在身边，房屋空置。年轻人可借住老人家中，帮做家务、陪伴聊天，换取免费住宿。这种模式也很受欢迎。目前国内尚未形成专门共享模式推广这种关系，但如果有平台或网站做此种模式，相信会受欢迎。这种共享养老模式主要共享房屋和劳务资源。笔者相信搭伴养老未来有很好的发展前景。

（四）众筹养老

各地出现了一种众筹房屋的模式，其连锁性质使得"一处拥有，处处享用"。笔者曾深入研究共享小木屋的发展模式，实地考察了十几个项目，从中发现若政策放宽，减少对小木屋的过度管制，其前景势必广阔。特别是风景区，利用闲置地搭建小木屋，既简单又经济。目前缺乏大型平台整合资源。众筹小木屋或别墅对年轻人有吸引力。试想如有人帮你管理甚至赚钱，十年左右回收成本，何乐而不为。选择众筹20年，十年回本，剩下的十年等于是免费居住。不住时仍能获利。

（五）共享姥姥

德国出现了一种名为"共享姥姥"的现象。年轻父母因无法照顾孩子，且父母不在身边，急需寻找有经验的老人帮忙带孩子。同时，许多老年人希望与年轻人交流，充实晚年生活。因此，一些平台为老人和年轻人提供了交流和互助的机会。这种模式下，老人与孩子共同生活，提供教育和照护，同时也享受家庭的温暖。国内虽有家政服务平台，但尚未出现真正的共享姥姥模式。这可能是一个新机遇，有助于解决养老问题。有趣的是，许多担任姥姥的老人与孩子建立了深厚感情，甚至成为"亲戚"。这表明国内对这种共享模式存在需求，该共享模式主要共享老人的劳务、经验和知识。希望未来这种模式能在国内得到良好发展，为更多人提供帮助和服务。

（六）时间银行

时间银行模式在20世纪70年代被提出，并在国内外得到发展。国内许多城市和社区也在尝试推行，但大多数效果不佳。这并非因为缺乏需求，而是因为地域性时间银行模式存在限制，导致难以满足需求。将时间银行模式放在大网络、大平台上可能是一个可行的解决方案。人们可以通过互联网存储自己的服务时间，从而打破地域限制。这样一来，当人们需要照顾时，就有可能找到合适的服务。但按照目前的模式发展是相当困难的。如果我们能够充分利用互联网的优势，打破地域界限，未来实现这一模式是完全有可能的。

（七）共享陪护

近年来，我国在多个省份进行了共享陪护服务的试点工作。许多老人不愿离家，又担心无法自理时得不到专业护理。目前，我国陪护服务供给不足，共享陪护或成刚需。对于居家养老者，需专业陪护满足日常需求。因此，需尝试共享家政、护士、陪聊和走路等模式。其中，共享走路是创新模式，提供社交和安全保障。在美国该模式收入起点为每小时30美金，且收费金额根据质量评价增加。未来，随着技术和老龄化的发展、共享陪护需求的增长，互联网技术定会为该需求的实现提供可能。人们可以预约陪护服务，甚至可以选择更加多样的陪护服务。共享陪护未来潜力大，为满足未来此方向的需求，建议大家提早学习陪护知识并获得证书，提前了解探索，为养老服务做准备。

（八）共享监护

在上海，许多独生子女在国外生活，老人的监护问题逐渐突出。为解决这一问题，意定监护制度被引入。意定监护是成年人预先与亲属或其他监护人协商，书面确定监护人。当他们丧失或部分丧失民事行为能力时，该监护人履行职责。这一制度在上海试点并取得了良好效果，但也可能暴露出问题。

目前，意定监护主要基于熟人支持。未来，实现共享化可能为该领域搭建一个互联网平台。在这个平台上，有需求的人和愿意提供服务的人可以形成大量供给和需求，通过互联网平台的对接，实现资源的有效配置。共享资源可能包括监护人、房屋等。通过这样的平台，人们可以更方便地找到合适的监护人或服务，满足需求。这不仅为老年人提供更多选择和保障，也为服务提供者提供更多机会。随着社会的发展和人口老龄化的加剧，共享养老服务将成为未来的发展趋势。我们应积极探索和发展这种模式，为老年人提供更好的服务，同时促进社会的可持续发展。

（九）共享社区养老

近年来，我国社区养老服务迅速发展，尤其在共享社区养老模式方面，北京郊区的农村也在广泛应用。这种模式下，老年人在社区内聚集，参与各种活动，如老年饭堂。年轻人也因价格实惠和有交流机会而加入。未来，共享养老社区服务应更全面和多元化，如康复服务、家电维修等。但目前存在服务不周全、受地域限制等问题，主要是由于政策补贴等因素。如果能打破地域限制，通过互联网提供服务，将实现更广泛的覆盖。政策补贴的依据应调整为实际服务质量和效果。目前，企业正在探索模式，但尚未出现出色的大型企业。随着社会老龄化加剧和养老需求增加，将有更多企业投入，推动其发展和壮大。通过不断创新和完善服务模式，社区养老服务将为我国老年人提供更便捷高效的服务，满足养老需求。

（十）共享养老院

现有的养老机构，特别是养老院，可以通过共享资源提高效率。全国有3.4万家养老机构，761万张床位，但需求远未满足。共享资源可以带来新变化，比如通过网络平台跨地区选择养老机构。只要服务跟得上，在哪里都能得到好服务。共享模式能更合理地分配养老院资源，让更多养老院加入平台，提供更多选择。打通平台后，养老服务将更便捷高效，提高老年人的生活质量。

（十一）共享养老中心

随着社会老龄化加剧，养老服务需求增加，全国各地纷纷建立多种养老中心。这些养老中心多由房地产开发商转型而来，重点关注老年人的需求，提供适老化改造、娱乐、休闲、康养、锻炼以及护理、临终关怀等服务。但目前仍以卖房加卖服务为主，违背了共享的初衷。未来应建立更多养老中心并联网,实现养老服务共享,提高资源利用效率,为老年人提供便捷高效的服务。

(十二)虚拟养老院

近年来,随着社会老龄化加剧和人们对养老服务的需求增加,虚拟养老院应运而生。虚拟养老院是一种纯网络化的养老服务模式,用户可以在网络平台上享受全方位的服务,如餐饮、理发、洗澡、陪护等。与传统的热线服务相比,虚拟养老院更加便捷高效。如果能够得到良好的发展和运营,它将成为未来养老服务市场的重要组成部分。我国政府也出台了相关政策支持虚拟养老院的发展。相信在未来,虚拟养老院将会得到更好的发展,为老年人提供更加便捷、高效的服务。这种新型的养老模式将为我国的养老服务市场注入新的活力,促进其可持续发展。

(十三)共享家庭养老院

在新冠疫情后,家庭共享养老模式在美国迅速发展。老人将大型住宅提供给专业养老机构,这些机构进行改造和运营。这种方式使老人得到照顾并带来房租收入,同时为机构节省大量成本。参与家庭共享养老的老人养老成本较低。这种模式在美国发展迅速,因为各方都能实现利益最大化。在我国也有广阔的发展前景,随着社会老龄化和需求增加,家庭共享养老模式将为市场注入活力,为老年人提供更好的服务。

(十四)到农村养老去:盘活养老资源的关键一招

随着中国社会老龄化趋势加剧,养老服务需求增长。城市高楼环境不适合养老，而农村房源充足且过剩，为养老服务提供广阔空间。农村空置房源可用于家庭养老服务，如美国模式。农村房屋面积大，适老化改造后可满足养老需求。宅基地和房屋供应充足，为轻资产运营提供可能。养老服务需求广泛，不仅限于城市，农村老年人也有需求。利用农村房屋发展养老服务有助于解决农村老年人的问题，吸引城市人前往农村养老。这种选择将成为未来幸福生活的重要组成部分，因为许多人向往宁静、舒适的养老环境。实现这一目标需要专业化养老机构统一规划改造农村房源，提供必要设施和服务，确保生活质量和安全。具体可借鉴国外家庭养老服务模式，并结合国情进行创新和发展。政府、企业和社会各界共同努力，可打造"桃花源"式幸福家园。

（十五）日本"森林精灵小屋"

在日本，有"森林精灵小屋"这种独特的建筑风格，由设计师专为两位老太太设计，既适合居住，也适合服务。小屋融入森林环境，为游客提供咖啡和自然美景，老太太也获得经济收益。这种模式在日本常见，有巨大潜力。如引入国内，结合技术发展，将在旅游景区提供多样选择，平台化将有前景。人们可通过互联网了解和预订，实现资源共享。该模式为游客提供多样住宿，为老人提供新的收入和生活方式。共享住宿将成为热门选择，为旅游业带来新机遇。应探索发展，提供更多选择和更好服务。

（十六）鹤庆"草海书院"体验式探索

经过多年对云南的考察，笔者计划在2024年退休后前往云南养老。如果你也对笔者的共享养老基地感兴趣,可以随时与笔者联系,共同体验这一养老新模式。笔者所选择的养老地点位于大理市鹤庆县的草海湿地公园旁边,是一个风景优美、环境宜人的地方。笔者看中了一个白族传统的院落,虽然房子有些老旧,但是在征得当地政府和房主的同意后,可以对房子进行翻新。翻新后的房屋会更加宽敞明亮,而且增加了卫生间等现代化设施,更适合养老居住的需求。这个院子有两亩地,可以种植蔬菜和花卉,实现自给自足的绿色生活。在这里,人们可以享受到大自然的美好和宁静,同时也可以与志同道合的朋友一起分享生活的点滴。

这个地方之所以吸引人,是因为它一年四季都拥有蓝天白云和宜人的气候,视野开阔,空气清新。更重要的是,这里水资源丰富,被称为"高原水乡"。而且交通便利,离机场也很近。

据了解,当地农村适合打造成共享养老基地的闲置小院有很多,随时可以为有兴趣的人们定制这样的养老小院。如果能将全国闲置的农家小院打造成共享家庭养老院,也许可以极大缓解养老难题,也有助于促进城乡融合与乡村振兴。

小结:未来如何取决于当下的选择

综上所述,我们可以初步得出一些基本结论:

第一,共享养老是数字化、老龄化与高质量发展自然耦合的必然产物，是养老资源优化配置的新模式，也是老龄生活的新方式。

第二，中国发展共享养老具有独特优势、特殊意义和巨大潜力，历史性机遇不容错过。中国养老遇到的问题是独特的，所以共享养老对于中国养老问题的解决具有特殊意义，而且潜力巨大，更重要的是这一市场仍然处于空白阶段，发展的空间十分广阔。共享养老不仅有益于老年人，同样关系到所有人，对于整个中国来讲，从现在开始做好一些资源储备、政策储备，都是很有必要的。

第三，所有现有养老模式都可以通过共享模式实现资源利用效率最大化。共享养老、共享经济是一种新的发展模式，也是一种新的思维方式，我们可以思考利用共享的办法让资源最大化，同时满足我们的需求。

第四，发展共享养老需要技术创新、模式创新、制度创新、理念创新，现在的行动决定未来的结果。这四大创新也是新经济、新动能的体现，在共享养老领域里同样重要，包括如何适应数字技术创新等问题。

为使共享养老成为现实，我们需要提早做些准备，包括思想、理念的准备，也包括资金、资源、政策的准备。期待共享养老能得到更多人的关注，有朝一日能帮助所有人找到最适合自己的养老方式，让所有人的老年生活更幸福、更精彩。

附录 A

老龄社会香山共识（2018）

（老龄社会30人论坛　2018年10月17日　北京）

今天，与许多国家一样，中国正在从有史以来的年轻社会步入前所未有的社会形态——老龄社会。老龄社会与人口老龄化相伴而生，与社会发展相向而行，与人类进步相促而进。老龄社会的到来，是对人类文明及其成熟程度的新考验，是21世纪人类共同面对的重大课题。为此，我们相聚在北京香山重阳阁下，共同表达对老龄社会的观察、认知和期待。

我们看到，人口老龄化浪潮正在席卷全球。随着工业化、城市化、信息化、全球化程度不断提高，经济不断发展，科技不断进步，以发达国家为首，世界绝大多数国家的人口在从高出生、高死亡、低寿命、低流动向低出生、低死亡、高寿命、高流动快速转变，人口老龄化程度不断提高，传统的金字塔形人口年龄结构正在发生重大转变。

我们看到，人口老龄化正在成为全社会关注的焦点和热点。关注人口老龄化的人群正在从个别专业人士扩展到全社会各个群体，所关注的视角正在从个人、家庭及其生活方式扩展到全社会的各个方面，人口老龄化关注的领域正在从局部性的养老、人口政策、社会保障等民生问题扩展到全局性的经济、社会、文化、政治，以及城乡、区域和国际战略格局等几乎所有领域、所有层面。

我们看到，人口老龄化正在重塑人类社会。在人口老龄化的影响和冲击下，人类社会的结构、形态、政策和生活等正在持续改变，其改变的广度、深度、浓度和强度日益超出人们的理解和想象。人口是经济社会发展的长期性、全局性、基础性和战略性因素，人口老龄化正同工业化、城市化、信息化、全球化一道，构成重塑人类社会的认知背景和基础力量。

我们认为，老龄社会的到来大势已定。寿命的不断延长是人类进步带来的重要成就，生育的不断减少是思想多元带来的选择特权，迁移的不断增多是经济发展带来的客观现象，只要和平与发展继续成为世界的主旋律，人口老龄化的大趋势就不可逆转，人类迈向老龄社会的步伐就不会停止。

我们认为，老龄社会的挑战不容忽视。发展中国家普遍存在的经济上未富先老、社会上未备先老、区域上农村先老、身体上未健先老等难题，加上我国人口老龄化的超大规模、超快速度、超高程度、超级稳定等特性，以及由此产生的年龄歧视、代际矛盾、供给失衡、发展受限等问题，老龄社会带来的挑战异常紧迫、严峻而复杂，必须高度重视，妥善应对。

我们认为，老龄社会的创新至关重要。从容步入老龄社会，创新至关重要。要充分运用老龄社会的更加丰裕的智慧资源，变革增长动力、经济模式、产业结构和分配体系，推动市场创新、经济创新、社会创新、政务创新、公共政策创新，以及认知创新、理论创新等各个领域、各个层面的全面创新，催生适应老龄社会的创新平台、创新模式、创新产品和创新生活方式。

我们期望，全社会积极迎向老龄社会。政府充分发挥公共服务和管理职能，着眼全局，因地制宜，积极引导，不断创新和完善顺应老龄社会的公共政策及政策储备。社会与市场切实体现和发挥多元利益群体参与的优势，实现在老龄社会条件下保持社会活力和持续发展等社会和经济目标。个人则应积极构建百岁人生规划，从孩童开始培养良好行为习惯并终身实行。

我们期望，全社会深入探讨老龄社会。走出年轻社会的传统思维定式，重新认识和界定养老、老龄化、老龄社会等，从多学科、多领域、多视角，加强国家、区域、国际等多层次交流与合作，对老龄社会的经济、社会、文化、科技和制度重塑展开全方位、大视野、整体性、前瞻性研究。

我们期望，全社会理性应对老龄社会。应对新的挑战，把握新的机遇，必须具有新的思维。要立足于更全面、更系统、更复杂、更长远的科学认识，建立跨代际、全龄化的思考和参与通道，理性审视老龄社会带来的全局性、长期性变革，既不一味悲观，也不盲目乐观，以新思维催生新观点、新范式，为老龄社会提供新理解、新想象和新动力。人类社会的发展和进步没有终点。每一个人拥有追求美好生活的权利和希望，是人类社会发展的内在动力和坚实基础。今天，人类社会正在从年轻社会步入老龄社会；明天或后天，人类必将超越和挣脱年龄束缚，创造出一个任何年龄都有未来、天下众生参与共享的更加幸福、更加美好的社会！

附录 B

老龄社会30人论坛

老龄社会30人论坛成立于2018年4月,由盘古智库、信息社会50人论坛、中国人民大学中国创新公益研究院、北京大学中国社会与发展研究中心和思德库养老信息化研究院等机构共同发起成立,旨在汇聚各方专家学者等有识之士,成为老龄社会领域的研究、交流和影响力平台。

论坛致力于站在人类发展和社会转型的高度,从趋势、特征、文化变迁和公共政策等维度,结合数据和案例,组织老龄化、信息化和城镇化等不同领域的专家学者等有识之士,深入研究和交流老龄化对社会结构、社会形态及其演化的全方面影响,形成有影响力的研究成果。

盘古智库老龄社会研究院

盘古智库老龄社会研究院成立于2018年4月,是盘古智库从事老龄社会研究的专业机构,致力于系统研究老龄化、老龄社会及相关领域的现象、数据、趋势和机制,及其对民生、经济、社会、政治和文化等的影响,重点关注老龄社会大势下的社会创新、公共政策和老龄产业,探索推动各个层次的老龄社会前景、体系和转型。老龄社会30人论坛秘书处设在盘古智库老龄社会研究院。

盘古智库

盘古智库是由各方知名学者于 2013 年共同发起的综合型社会智库，秉持"天地人和、经世致用"理念，以"客观、开放、建设性"的精神，为建设人类命运共同体和开拓发展新动力提供智力支撑。

盘古智库在双碳政策与产业、老龄社会、国际关系、数字经济和城市更新等主要方向上开展研究、咨询和政策建议。总部位于中国北京，设有长沙、长安、青城、吉林、成渝、大湾区、长三角、新疆等区域分支研究院，以及双碳、老龄社会、东北亚、数字经济等功能性专业研究院，现有各领域研究人员 600 余人。

盘古智库是财政部"美国研究智库联盟"理事单位、中联部"金砖国家智库中方理事会"成员、中联部"一带一路"智库合作联盟理事单位；是老龄社会 30 人论坛、全球智库连线、双碳产业联盟发起机构；是多个部委和地方政府、头部企业的咨询顾问机构。

盘古智库在美国宾夕法尼亚大学亚洲智库和多个中国智库排行榜上长期居于前列，多次被权威机构评为年度最佳社会智库。